Du 1er Novembre 1744.

ORDONNANCE DU ROY,

Portant réglement pour le payement des Troupes de Sa Majesté pendant l'hiver prochain.

Du premier Novembre 1744.

DE PAR LE ROY.

SA MAJESTÉ voulant régler le traitement qui sera fait à ses troupes, tant françoises qu'étrangères, pendant l'hiver prochain, a ordonné & ordonne ce qui suit.

ARTICLE PREMIER.

Logement.

QUE les troupes d'Infanterie, Gendarmerie, Cavalerie, Carabiniers, Hussards & Dragons, qui seront logées chez les habitans des villes & autres lieux, tant de la frontière que de l'intérieur du royaume, n'y auront que le simple couvert, avec des lits garnis de linceuls, place au feu & à la chandelle de l'hôte, suivant sa commodité.

II.

Fourrage.

QUE le fourrage sera fourni aux présens & effectifs des troupes de la Gendarmerie, Cavalerie, Carabiniers,

Huſſards & Dragons, pendant l'hiver, dans les lieux où elles ſeront logées, conformément aux revûes qui en ſeront faites; la ration devant être compoſée de quinze livres de foin & cinq livres de paille, ou de dix-huit livres de foin ſans paille, où il n'y en aura point, des deux tiers du boiſſeau d'avoine meſure de Paris, dont les vingt-quatre boiſſeaux font le ſeptier de ladite meſure; ſçavoir, pour la

GENDARMERIE.

Gendarmerie, dans chaque compagnie de Gendarmes ou de Chevaux-légers, deux rations à chacun des quatre Maréchaux-des-logis, & une ration à chacun des deux Brigadiers, deux Sous-brigadiers, au Porte-étendard, & chaque Gendarme, Chevau-léger, Trompette & Timbalier: & il ſera fourni de plus dix rations par jour à chaque Capitaine-lieutenant des ſix compagnies de Chevaux-légers, quatre à chaque Sous-lieutenant, & trois à chacun des deux Cornettes deſdites compagnies, les Grands-officiers des compagnies de Gendarmes n'en devant point avoir.

Compagnies, à l'exception des Grands-officiers des dix compagnies de Gendarmes.

E'tat-major.

Pour l'E'tat-major de la Gendarmerie, douze rations au Major, huit rations à l'Aide-major, ſix au Sous-aide-major, deux rations à chacun des deux Aumôniers, & une au Chirurgien.

CAVALERIE *françoiſe & étrangère,* CARABINIERS, HUSSARDS *&* DRAGONS.

Pour la Cavalerie, les Carabiniers, Huſſards & Dragons, ſix rations par jour à chaque Capitaine, quatre au Lieutenant, quatre au Sous-lieutenant qui eſt en la compagnie Colonelle du régiment du Colonel-général de la Cavalerie; & pareille quantité de quatre rations à chacun des ſeconds Lieutenans de la compagnie générale du régiment du Colonel-général des Dragons, & de la compagnie Meſtre-de-camp du régiment Meſtre-de-camp général auſſi des Dragons; trois à chaque Cornette, deux

Du 1.er Novembre 1744.

à chaque Maréchal-des-logis, & une à chaque Brigadier, Cavalier, Carabinier, Huſſard, Dragon, Trompette, Timbalier, Tambour & Hautbois; ſix rations à Monſ.r le Prince de Dombes Meſtre-de-camp-Lieutenant du régiment Royal-des-Carabiniers; ſix à chacun des cinq Meſtres-de-camp qui ſervent ſous lui à la tête des cinq Brigades; pareille quantité de ſix rations à chaque Meſtre-de-camp de Cavalerie, de Huſſards ou de Dragons; quatre à chaque Lieutenant-colonel, outre celles qu'ils doivent recevoir comme Capitaines; huit à chaque Major, quatre à chaque Aide-major, & une à chaque Aumônier & Chirurgien.

Et en outre pour les régimens Royal-Allemand & Roſen, ſçavoir, au régiment Royal-Allemand, deux rations au Maréchal-des-logis du régiment, trois au Prévôt, deux à ſon Lieutenant, deux au Greffier, & une à chacun des quatre Archers & un Exécuteur de juſtice.

Et au régiment de Cavalerie allemande de Roſen, une à chacun des Auditeur, Greffier, trois Archers & un Exécuteur de juſtice.

Les compagnies franches de Dragons recevront le fourrage pour les Officiers & Dragons effectifs, comme les autres compagnies de Dragons.

Officiers réformez.

Les Officiers réformez qui auront ordre de ſervir à la ſuite des régimens de Cavalerie ou de Dragons, recevront du fourrage pour leurs chevaux, ſçavoir, chaque Meſtre-de-camp ſix rations par jour, chaque Lieutenant-colonel pareille quantité de ſix rations, chaque Capitaine quatre, & chaque Lieutenant réformé de Cavalerie ou de Dragons, deux rations.

FILTZJAMES.

Les Officiers réformez à la ſuite du régiment de Cavalerie de Filtzjames, auront du fourrage, ſçavoir, chaque Meſtre-de-camp neuf rations par jour, chaque Lieutenant-colonel huit, chaque Capitaine cinq, & chaque Lieutenant trois rations.

L'intention de Sa Majeſté eſt que le fourrage ci-deſſus réglé aux officiers de Cavalerie, de Carabiniers, de Huſſards & de Dragons, ne ſoit fourni qu'à ceux compris dans les états qui ſeront envoyez aux Intendans des généralités, provinces & places où leſdites troupes ſeront logées.

INFANTERIE. Sa Majeſté a auſſi réſolu de faire fournir du fourrage aux Officiers de ſes troupes d'Infanterie, qui ont ſervi ou ſont deſtinées pour ſervir en campagne, afin de leur donner moyen d'entretenir leurs équipages; la ration compoſée de douze livres de foin & huit livres de paille, ou de ſeize livres de foin ſans paille, où il n'y en aura point, & d'un demi-boiſſeau d'avoine meſure de Paris; ſçavoir, quatre rations par jour à chaque Capitaine, deux rations à chaque Lieutenant, Sous-lieutenant ou Enſeigne; & pour les Officiers de chaque Etat-major, ſix rations par jour au Colonel, trois au Lieutenant-colonel, deux aux Commandans de bataillon qui ne ſont point chefs de régiment, outre les rations que leſdits Colonels, Lieutenans-colonels ou Commandans de bataillon recevront comme Capitaines; cinq rations au Major, trois à chaque Aide-major, une au Prévôt, où il y en a, & une à l'Aumônier: deſquelles troupes d'Infanterie qui devront avoir du fourrage, il ſera envoyé des états aux Intendans des généralités, provinces & places où elles ſeront logées pendant l'hiver.

Officiers réformez. Il ſera auſſi fourni du fourrage aux Officiers réformez qui auront ordre de ſervir à la ſuite deſdits régimens d'Infanterie, compris dans les états ci-deſſus, ſçavoir, ſix rations par jour à chaque Colonel, quatre à chaque

Du 1er Novembre 1744.

Lieutenant-colonel, deux à chaque Capitaine, & une à chaque Lieutenant.

Sa Majesté ordonne que lesdites fournitures de fourrages soient régulièrement faites à la Gendarmerie, à la Cavalerie, aux Carabiniers, Hussards & Dragons, & aux Officiers, tant de ces corps que de ceux d'Infanterie, à commencer du jour que les troupes entreront en quartier d'hiver, jusqu'au tems qu'elles se mettront en campagne. A l'égard des régimens en quartier dans les provinces & généralités du royaume, auxquels Sa Majesté a laissé la disposition des fourrages, son intention est qu'après l'expiration des cent cinquante jours du quartier d'hiver, les places de fourrage leur soient payées sans aucun bénéfice.

Veut Sa Majesté qu'il ne soit délivré aucune ration de fourrage aux Officiers d'Infanterie, de Gendarmerie, Cavalerie, Carabiniers, Hussards & Dragons qui ne se trouveront pas présens aux revûes, à moins qu'ils ne soient de semestre, ou n'ayent un congé par écrit de Sa Majesté, contre-signé du Secrétaire d'état de la guerre : auxquels Officiers absens par semestre, congé, ou ceux qui obtiendront des reliefs, il ne sera fourni que la moitié des fourrages qu'ils auroient s'ils avoient été présens; à l'exception des Colonels, Mestres-de-camp, Lieutenans-colonels en pied ou réformez, & des Majors des régimens, qui auront leur fourrage en entier lorsqu'ils se seront absentez par congé, ou sur les reliefs qui seront accordez à ceux qui n'auront pas de congé.

Défend très-expressément Sa Majesté auxdits Officiers, Gendarmes, Chevaux-légers, Cavaliers, Carabiniers, Hussards & Dragons, d'exiger des Garde-magasins & Entrepreneurs de la fourniture de fourrages, une plus grande quantité de rations que celle marquée ci-dessus; & auxdits Officiers, soit de Gendarmerie, soit de Cavalerie, de Carabiniers, de Hussards ou de Dragons, de rien diminuer sur les rations ci-dessus ordonnées pour la subsistance du cheval du Gendarme, Chevau-léger, Cavalier, Carabinier, Hussard ou Dragon, pour le donner à leurs chevaux, ou pour le convertir en argent; à peine auxdits Officiers d'être cassez & privez de leurs charges, & aux Gendarmes, Chevaux-légers, Cavaliers, Carabiniers, Hussards & Dragons, de la vie.

Défend aussi Sa Majesté aux Garde-magasins & Entrepreneurs, de convertir aucune desdites rations de fourrage en argent, à moins que lesdits Garde-magasins & Entrepreneurs n'en ayent ordre par écrit des Intendans, à peine de la vie; & auxdits Officiers, Gendarmes, Chevaux-légers, Cavaliers, Carabiniers, Hussards & Dragons, d'entrer avec eux en aucune composition là-dessus; à peine aux Officiers d'être cassez, & aux Gendarmes, Chevaux-légers, Cavaliers, Carabiniers, Hussards & Dragons, des galères: Fait en outre Sa Majesté très-expresses défenses auxdits Officiers, Gendarmes, Chevaux-légers, Cavaliers, Carabiniers, Hussards & Dragons, de vendre aucun fourrage, & aux habitans des villes & lieux où ils seront logez & des environs, d'en acheter d'eux, sur les mêmes peines auxdits Officiers d'être cassez, & aux Gendarmes, Chevaux-légers, Cavaliers, Carabiniers, Hussards & Dragons, des galères, & sur peine auxdits habitans de trois cens livres d'amende. Ordonne Sa Majesté aux Commissaires des guerres employez à la police de ses troupes, de délivrer auxdits Garde-magasins ou Entrepreneurs, des extraits des revûes qu'ils en feront, & auxdits Garde-magasins & Entrepreneurs de ne fournir

Du 1.er Novembre 1744.

le fourrage à chaque compagnie, que sur le pied qu'ils verront par lesdits extraits qu'elle aura passé à la revûe qui en aura été faite, & qu'il n'en soit fourni à aucun des Officiers qui ne seront point compris pour présens dans lesdits extraits, sur lesquels ils compteront des fournitures qu'ils auront faites: se conformant à ce qui est marqué ci-dessus pour les Officiers qui seront absens par semestre, sur des congés de Sa Majesté, ou qui obtiendront des reliefs, aux équipages desquels il sera fourni du fourrage comme il est ci-dessus ordonné.

III.

USTENSILE.

Sa Majesté a réglé que les compagnies d'Infanterie, outre leur solde, recevront l'ustensile pendant cent cinquante jours du quartier d'hiver, sur le pied chacune de dix livres par jour, faisant quinze cens livres pour cent cinquante jours, pour les régimens qui auront l'ustensile entier, & de quatre cens cinquante livres au Major; & sur le pied de cinq livres par jour à chaque compagnie, faisant sept cens cinquante livres pour lesdits cent cinquante jours, pour les régimens qui n'auront que le demi-ustensile, & de deux cens vingt-cinq livres au Major: duquel ustensile le Lieutenant de la compagnie qui aura quinze cens livres, recevra quatre-vingt-dix livres, le Sous-lieutenant ou Enseigne soixante livres, l'Aide-major du bataillon quinze livres; le Lieutenant de la compagnie qui n'aura que sept cens cinquante livres, recevra quarante-cinq livres, le Sous-lieutenant ou Enseigne trente livres, & l'Aide-major du bataillon sept livres dix sols: le restant *INFANTERIE.*

à chaque compagnie ſera payé au Capitaine, pour rendre ſa compagnie compléte en état de bien ſervir, & fournir des tentes à ſes ſoldats pendant la campagne.

Retenue ſur l'Uſtenſile.

Comme Sa Majeſté eſtime qu'il conviendra aux Officiers des troupes d'Infanterie françoiſe de ſes armées, de faire conſerver aux Capitaines une partie de leur uſtenſile, & aux Lieutenans, Sous-lieutenans ou Enſeignes l'uſtenſile entier, pour leur être payé par égale portion, ſçavoir, au Capitaine en cinq mois, à commencer du 10 juin de l'année prochaine, & aux Lieutenans, Sous-lieutenans & Enſeignes en ſix mois, à commencer du 10 mai; Sa Majeſté ordonne qu'il ſoit retenu cent cinquante livres à chaque Capitaine, & ce qui revient dudit uſtenſile à chaque Lieutenant, Sous-lieutenant ou Enſeigne, pour leur être ainſi diſtribué.

Officiers réformez.

Les Officiers réformez qui ont ſervi pendant la campagne dernière à la ſuite deſdits régimens, recevront l'uſtenſile, ſçavoir, chaque Colonel réformé deux cens ſoixante-dix livres, chaque Lieutenant-colonel cent quatre-vingts livres, chaque Capitaine quatre-vingt-dix livres, & chaque Lieutenant réformé trente livres.

GENDARMERIE.

Dix compagnies de Gendarmes.

Chacune des dix compagnies de Gendarmes Ecoſſois, Anglois, Bourguignons, de Flandres, de la Reine, de Monſeigneur le Dauphin, de Bretagne, d'Anjou, de Berry & d'Orléans, recevra pendant les cent cinquante jours du quartier d'hiver, quatre-vingt-cinq places d'uſtenſile par jour, leſquelles ſeront diſtribuées (les grands Officiers n'en devant point avoir) ſçavoir, deux places à chacun des quatre Maréchaux-des-logis qui ſont en chacune deſdites compagnies, les ſoixante-dix-ſept autres places ſeront pour les deux Brigadiers, les deux Sous-brigadiers, le Porte-

Du 1er 9bre 1744.

Porte-étendard, les ſoixante-dix Gendarmes & les deux Trompettes.

Chacune des ſix compagnies de Chevaux-légers de la Reine, de Monſeigneur le Dauphin, de Bretagne, d'Anjou, de Berry & d'Orléans, recevra pendant leſdits cent cinquante jours, cent cinq places d'uſtenſile par jour, le Capitaine-lieutenant en ayant dix, le Sous-lieutenant quatre, chacun des premier & ſecond Cornettes trois, chacun des quatre Maréchaux-des-logis deux, & les ſoixante-dix-ſept autres places ſeront pour les deux Brigadiers, les deux Sous-brigadiers, le Porte-étendard, les ſoixante-dix Chevaux-légers, & les deux Trompettes. *Six compagnies de Chevaux-légers.*

Les huit Timbaliers qui ſervent dans les compagnies des Gendarmes Ecoſſois, Anglois, Bourguignons, de Flandres, de la Reine, de Monſeigneur le Dauphin, & des Chevaux-légers de la Reine & de Monſeigneur le Dauphin, recevront auſſi par jour chacun une place d'uſtenſile pendant leſdits cent cinquante jours. *Timbaliers.*

Chaque compagnie des régimens de Cavalerie, de Carabiniers, Huſſards & Dragons, recevra l'uſtenſile pendant les cent cinquante jours du quartier d'hiver, ſur le pied de ſix places par jour au Capitaine, de quatre places à chaque Lieutenant, quatre places au Sous-lieutenant qui eſt dans la compagnie colonelle du régiment du Colonel-général de la Cavalerie; pareille quantité à chacun des ſeconds Lieutenans qui ſont dans la compagnie générale du régiment du Colonel général des Dragons, & dans celle de la Meſtre-de-camp du régiment Meſtre-de-camp général deſdits Dragons; trois à chaque Cornette, deux à chaque Maréchal-des-logis, & une à chaque Brigadier, Cavalier, Carabinier, Huſſard & Dragon, conformément *CAVALERIE & DRAGONS.*

aux états que Sa Majeſté en ſera expédier: obſervant que ces places attribuées aux Cavaliers, Carabiniers, Huſſards & Dragons, doivent être remiſes au Capitaine, pour être employées au rétabliſſement & entretenement de ſa compagnie, & la mettre en état de ſervir en campagne; à la réſerve des cinq écus qui doivent être retenus, pour être diſtribuez auxdits Cavaliers, Carabiniers, Huſſards & Dragons pendant la campagne, ainſi qu'il ſera dit ci-après: Et pour chaque Etat-major de Cavalerie, de Carabiniers, Huſſards & Dragons, il ſera payé ſix places au Meſtre-de-camp, quatre au Lieutenant-colonel, ſix au Major, quatre à l'Aide-major, & une à chacun des Aumônier & Chirurgien; ſix places à Monſ.[r] le Prince de Dombes Meſtre-de-camp-lieutenant du régiment Royal-des-Carabiniers; deux au Maréchal-des-logis de l'Etat-major du régiment Royal-allemand, deux au Prévôt, une à ſon Lieutenant, & une à chacun des Greffier, quatre Archers, un Exécuteur; une à l'Auditeur dans l'Etat-major du régiment de Roſen, & une à chacun des Greffier, trois Archers & un Exécuteur.

ROYAL-ALLEMAND.

ROSEN.

Compagnies franches de Dragons.

Les compagnies franches de Dragons recevront l'uſtenſile de même que les compagnies des régimens, conformément aux états qui en ſeront expédiez.

Officiers réformez.

A l'égard des Officiers réformez de Cavalerie, de Carabiniers, de Huſſards & de Dragons, qui ont ordre de ſervir avec les régimens, & qui y auront fait la campagne dernière, Sa Majeſté ordonne que l'uſtenſile leur ſoit payé pendant les cent cinquante jours du quartier d'hiver, ſçavoir, ſix places par jour à chaque Meſtre-de-camp, cinq à chaque Lieutenant-colonel, quatre à chaque Capitaine, & deux à chaque Lieutenant.

Du 1er Novembre 1744.

11

SOLDE.

SA MAJESTÉ ayant donné ſes ordres pour faire remettre aux Tréſoriers généraux de l'Extraordinaire des guerres & des troupes de ſa maiſon, les fonds néceſſaires pour le payement des appointemens & ſolde, Elle entend que le payement en ſoit fait aux Officiers, Soldats, Cavaliers, Carabiniers, Huſſards & Dragons, de dix jours en dix jours, & par avance, ſuivant les ordres particuliers que leſdits Tréſoriers généraux de l'Extraordinaire des guerres en recevront des Intendans; & pour les troupes d'Infanterie & de Cavalerie de ſa Maiſon, ſur les états de décharge qui ſeront expédiez aux Tréſoriers généraux deſdites troupes, ſur le pied & conformément à ce qui ſuit.

ARTICLE PREMIER.

GARDES-FRANÇOISES. Compagnies de Grenadiers.

CHACUNE des trois compagnies de Grenadiers du régiment des Gardes-françoiſes, compoſée d'un Capitaine, deux Lieutenans, deux Sous-lieutenans, deux Enſeignes, & cent dix hommes, dont ſix Sergens, trois Caporaux, neuf Anſpeſſades, quatre-vingt-huit Grenadiers & quatre Tambours, ſera payée ſur le pied de trois cens ſoixante livres huit ſols par mois au Capitaine, deux cens vingt-cinq livres ſeize ſols huit deniers à chaque Lieutenant, cent dix livres huit ſols quatre deniers à chaque Sous-lieutenant, ſoixante-treize livres ſix ſols huit deniers à chaque Enſeigne, quarante livres un ſol huit deniers à chacun des cinq premiers Sergens, trente-huit livres quinze ſols au ſixième Sergent, vingt-deux livres cinq ſols à chaque Caporal, dix-neuf livres quinze ſols à chaque Anſpeſſade & Tambour, ſeize livres quinze ſols à chaque Grenadier;

pareilles seize livres quinze sols pour la paye du Major, dix livres quinze sols pour celle du Commissaire; & seize livres quinze sols pour chacune des douze payes de gratification que Sa Majesté accorde au Capitaine, sa compagnie étant compléte de cent dix hommes, huit seulement à cent quatre jusqu'à cent neuf, & rien au-dessous dudit nombre de cent quatre hommes.

Compagnies de Fusiliers.

Chacune des trente compagnies de Fusiliers, composée d'un Capitaine, d'un Lieutenant, un Sous-lieutenant, deux Enseignes, & cent cinquante hommes, dont six Sergens, trois Caporaux, neuf Anspessades, cent vingt-huit Fusiliers & quatre Tambours, sera payée sur le pied par mois, de deux cens cinquante-cinq livres au Capitaine, cent soixante-dix livres seize sols huit deniers au Lieutenant, quatre-vingt-cinq livres huit sols quatre deniers au Sous-lieutenant, cinquante-cinq livres à chaque Enseigne, trente-cinq livres dix-huit sols quatre deniers à chacun des quatre premiers Sergens, trente-quatre livres quatre sols deux deniers à chacun des deux autres, dix-huit livres dix-huit sols quatre deniers à chaque Caporal, dix-sept livres cinq sols à chaque Anspessade & Tambour, quatorze livres quinze sols à chaque Fusilier; pareilles quatorze livres quinze sols pour la paye du Major, dix livres quinze sols pour celle du Commissaire; & pareilles dix livres quinze sols pour chacune des quinze payes de gratification que Sa Majesté accorde au Capitaine, sa compagnie étant compléte de cent cinquante hommes; quatorze de cent quarante-cinq à cent quarante-neuf; douze de cent trente à cent quarante-quatre inclusivement, & rien au-dessous dudit nombre de cent trente hommes: il sera de plus payé au Capitaine trente sols par jour, pour appointer les trente meilleurs Soldats de sa compagnie.

Du 1er Novembre 1741.

A l'égard des Officiers de l'Etat-major dudit régiment, ils continueront d'être payez de leurs appointemens suivant les états que Sa Majesté en fera expédier. *Etat-major.*

I I.

CHACUNE des douze compagnies du régiment des Gardes-suisses, composée de deux cens hommes, les Officiers compris, sera payée à raison de vingt livres six sols par mois pour chaque homme & pour chacune des vingt-sept payes de gratification que Sa Majesté accorde au Capitaine, lorsque sa compagnie se trouve du nombre de cent soixante-quinze & au-dessus jusqu'à celui de deux cens: Sa Majesté trouve bon aussi de faire payer au Capitaine la somme de cent quarante-deux livres deux sols par mois, pour appointer les Porte-outils, & les plus anciens & plus apparens Soldats de sa compagnie. Au moyen de quoi ledit Capitaine doit avoir & entretenir un Lieutenant, à raison de cent cinquante livres par mois, un second Lieutenant à cent vingt livres, un Sous-lieutenant à quatre-vingt-dix livres, un Enseigne à soixante-quinze livres, deux Sergens à trente-cinq livres chacun, trois autres à trente livres, & trois autres à vingt-cinq livres, un Chirurgien à trente livres, quatre Trabans, cinq Tambours, un Fifre, six Caporaux, six Appointez, & cent soixante-quatre Soldats: Sa Majesté a aussi réglé qu'outre les Officiers ci-dessus, les Capitaines qui auront des régimens seront tenus d'avoir un Capitaine-lieutenant pour commander leur compagnie, qu'ils payeront à raison de deux cens livres par mois. *GARDES-SUISSES. Compagnies.*

Les Officiers de l'Etat-major, & ceux de la Compagnie générale dudit régiment des Gardes-suisses, continueront à être payez suivant les états & ordres que Sa Majesté fera expédier. *Etat-major du régiment, & Officiers de la Compagnie Générale.*

III.

INFANTERIE FRANÇOISE.

A l'égard des troupes d'Infanterie françoise, y compris le régiment des Gardes de Lorraine, chaque bataillon composé de dix-sept compagnies, dont une de Grenadiers de quarante-cinq hommes, & seize de Fusiliers de quarante hommes chacune, sera payée, sçavoir, celle de Grenadiers, sur le pied de quatre livres six deniers par jour au Capitaine, trente-quatre sols dix deniers au Lieutenant, y compris deux sols dix deniers de supplément; vingt sols au Sous-lieutenant, douze sols à chacun des deux Sergens, huit sols six deniers à chacun des trois Caporaux, sept sols six deniers à chacun des trois Anspessades, six sols six deniers à chacun des trente-six Grenadiers & un Tambour; & six sols six deniers pour chacune des trois payes de gratification que le Capitaine doit recevoir, sa compagnie étant à quarante-quatre & quarante-cinq hommes; deux desdites payes, la compagnie étant à quarante-un, quarante-deux & quarante-trois, une seulement lorsqu'elle ne sera qu'à quarante, & rien au-dessous dudit nombre.

Compagnie de Grenadiers.

Soldats tirez pour les Grenadiers.

Le Capitaine de Grenadiers, au moyen du traitement ci-dessus, payera vingt-cinq livres de chaque Soldat qui sera tiré dans le régiment pour entrer dans sa compagnie.

Compagnies de Fusiliers.

Chacune des seize compagnies de Fusiliers sera payée sur le pied par jour de trois livres six sols huit deniers au Capitaine, y compris seize sols huit deniers de supplément; vingt-deux sols dix deniers au Lieutenant, y compris deux sols dix deniers de supplément; onze sols à chacun des deux Sergens, sept sols six deniers à chacun des trois Caporaux, six sols six deniers à chacun des trois Anspessades, cinq sols ſix deniers à chacun des trente-un Fuſiliers & un Tambour. Le Capitaine, outre l'appointement ci-deſſus, recevra trois payes de gratification de cinq ſols ſix deniers chacune, lorſque ſa compagnie ſe trouvera de trente-neuf & de quarante hommes; deux deſdites payes lorſqu'elle ſera à trente-ſix, trente-ſept & trente-huit, une ſeulement à trente-cinq, n'en pouvant prétendre aucune, ſa compagnie étant au-deſſous dudit nombre de trente-cinq hommes.

Soldats ſurnuméraires du régiment du Roy.

Les cinq hommes ſurnuméraires que Sa Majeſté a bien voulu par ſon ordonnance du 7. ſeptembre 1741. entretenir au delà du complet en chacune des ſoixante-huit compagnies de ſon régiment d'Infanterie, ſans tirer à conſéquence pour les autres régimens, continueront à recevoir leur ſolde ſur le pied de ſix ſols ſix deniers par jour à chaque Grenadier, & de cinq ſols ſix deniers à chaque Fuſilier qui ſera préſent aux revûes des Commiſſaires des guerres, juſqu'audit nombre de cinq par compagnie; ſans que cela produiſe aucune augmentation dans les hautes payes, ni dans les payes de gratification deſdites compagnies.

Enſeignes & Lieutenans en ſecond, conſervez avec appointemens.

L'Enſeigne qui eſt en chacune des compagnies Colonelle & Lieutenante-colonelle, le Lieutenant en ſecond qui eſt conſervé dans la troiſième compagnie de Fuſiliers des bataillons Colonels, & les trois Lieutenans en ſecond auſſi conſervez dans les trois premières compagnies de Fuſiliers des ſecond, troiſième & quatrième bataillons, ſur le pied d'un dans chacune deſdites trois premières compagnies, ſeront payez, ſçavoir, chaque Enſeigne, ſur le pied par jour de dix-ſept ſols dix deniers, y compris deux ſols dix deniers de ſupplément; & chaque Lieutenant en ſecond, ſur celui de treize ſols quatre deniers auſſi par jour.

Etat-major. Les Officiers de l'Etat-major de chaque régiment d'Infanterie françoiſe, y compris ceux où il y a Prévôté, ſeront payez ſur le pied de trente-trois ſols quatre deniers par jour au Colonel, quarante-cinq ſols au Lieutenant-colonel, y compris vingt-cinq ſols de ſupplément, outre leurs appointemens de Capitaine; trois livres ſix ſols huit deniers au Major, y compris ſeize ſols huit deniers de ſupplément; trente-ſix ſols deux deniers à l'Aide-major, y compris deux ſols dix deniers de ſupplément; vingt ſols au Maréchal-des-logis, & dix ſols à chacun des Aumônier & Chirurgien.

Prévôté en trente-quatre régimens. Les Officiers de la Prévôté qui eſt en chacun des régimens de Picardie, Champagne, Navarre, Piedmont, Normandie, la Marine, Rohan, Bourbonnois, Auvergne, Menaco, Bouzols, du Roi, Royal, Lyonnois, Dauphin, Anjou, Eu, la Reine, Royal-des-Vaiſſeaux, Orléans, la Couronne, Artois, Royal-Rouſſillon, Condé, Bourbon, Royal-la-Marine, Royal-Comtois, Biron, Nice, Penthiévre, Chartres, Conty, Enghien & Gardes de Lorraine, ſeront payez ſur le pied par jour de vingt-ſix ſols huit deniers au Prévôt, treize ſols quatre deniers à ſon Lieutenant, huit ſols quatre deniers au Greffier, & cinq ſols à chacun des cinq Archers & à l'Exécuteur de juſtice.

Commandant & Aide-major de bataillon. Le Commandant de bataillon qui n'eſt point chef de régiment, aura trente-ſix ſols huit deniers par jour, dont ſeize ſols huit deniers de ſupplément, outre ſes appointemens de Capitaine; & l'Aide-major de chacun deſdits bataillons, même le cinquième qui eſt dans le premier bataillon du régiment du Roi, recevra trente-ſix ſols deux deniers, auſſi par jour, y compris deux ſols dix deniers de ſupplément: Voulant Sa Majeſté que l'augmentation ci-deſſus ci-dessus mentionnée, continue d'être payée ainsi qu'il est réglé par l'ordonnance du 20 Avril 1722.

Officiers réformez, à la suite des régimens. Les Capitaines & Lieutenans réformez d'Infanterie, auxquels, en conformité de l'ordonnance du 25 Juin 1725 Sa Majesté a fait expédier ses ordres signez du Secrétaire d'état de la guerre, pour servir à la suite des régimens, seront payez en passant présens aux revûes, sur le pied de trente-sept livres dix sols par mois à chaque Capitaine, & vingt livres à chaque Lieutenant.

Masse. Outre la solde ci-dessus réglée pour les Sergens, Caporaux, Anspessades, Grenadiers, Soldats & Tambours, qui leur sera payée sans aucune retenue, au moyen de quoi ils doivent s'entretenir de linge & de chaussure, il sera donné vingt deniers par jour pour chaque Sergent, & dix deniers pour chacun des autres, même des trois cens quarante Soldats surnuméraires que Sa Majesté a bien voulu entretenir dans son régiment d'Infanterie, qui formeront une masse toûjours compléte pour chaque bataillon, sans avoir égard aux hommes qui pourroient manquer dans les compagnies; laquelle demeurera entre les mains du Trésorier, qui en donnera sa reconnoissance à la fin de chaque mois, au Major ou Officier chargé du détail du régiment; pour être ladite masse employée à l'habillement desdits régimens ou bataillons, & remise sur la main-levée des Directeurs ou Inspecteurs généraux, ainsi que par le passé.

Traitement du S.r de Moncamp. Sa Majesté voulant confirmer le traitement qu'Elle a réglé au sieur de Moncamp par son ordonnance particulière du 25 décembre 1740, Elle ordonne qu'outre les appointemens de Capitaine de la compagnie qu'il commande dans le régiment des Gardes de Lorraine, il reçoive ceux de Colonel, & qu'il en soit payé sur le pied de trente-trois ſols quatre deniers par jour, en paſſant préſent aux revûes des Commiſſaires des guerres.

Royal-Artillerie.

Les huit compagnies de chacun des cinq bataillons du régiment Royal-Artillerie, compoſées de cent hommes chacune, ſeront payées ſur le pied par jour, ſçavoir, celles

Compagnies de Sappeurs.

de Sappeurs, compoſées chacune du Capitaine en pied, d'un Capitaine en ſecond, d'un premier Lieutenant, d'un Lieutenant en ſecond, deux Sous-lieutenans, deux Cadets, quatre Sergens, deux Tambours, quatre Caporaux, quatre Anſpeſſades & quatre-vingt-quatre Sappeurs, & payées par jour, ſçavoir, ſept livres un ſol au Capitaine en pied, trois livres au Capitaine en ſecond, cinquante ſols au premier Lieutenant, quarante ſols au Lieutenant en ſecond, trente ſols à chacun des deux Sous-lieutenans, douze ſols à chacun des deux Cadets, vingt ſols ſix deniers à chacun des quatre Sergens, quatorze ſols ſix deniers à chacun des quatre Caporaux, onze ſols ſix deniers à chacun des quatre Anſpeſſades, neuf ſols ſix deniers à chacun de dix-huit des quatre-vingt-quatre Sappeurs, ſept ſols à chacun des ſoixante-ſix autres Sappeurs, & neuf ſols ſix deniers à chacun des deux Tambours. Il ſera accordé en outre ſept ſols pour chacune des dix payes de gratification que Sa Majeſté accorde au Capitaine, ſur le pied des gradations portées ci-après pour les compagnies de Canonniers & de Bombardiers.

Compagnies de Canonniers.

Les cinq compagnies de Canonniers de chaque bataillon, ſeront compoſées chacune d'un Capitaine en pied, d'un Capitaine en ſecond, d'un premier Lieutenant, un Lieutenant en ſecond, deux Sous-lieutenans, deux Cadets, quatre Sergens, deux Tambours, quatre Caporaux, quatre Anſpeſſades & quatre-vingt-quatre Canonniers, & payées

Du 1er Novembre 1744. 347

par jour, ſçavoir, ſept livres un ſol au Capitaine en pied, trois livres au Capitaine en ſecond, cinquante ſols au premier Lieutenant, quarante ſols au Lieutenant en ſecond, trente ſols à chacun des deux Sous-lieutenans, douze ſols à chacun des deux Cadets, vingt ſols ſix deniers à chacun des quatre Sergens, quatorze ſols ſix deniers à chacun des quatre Caporaux, onze ſols ſix deniers à chacun des quatre Anſpeſſades, neuf ſols ſix deniers à chacun de dix-huit des quatre-vingt-quatre Canonniers, ſept ſols à chacun de dix-huit autres, & ſix ſols à chacun des quarante-huit Canonniers reſtans, & neuf ſols ſix deniers à chacun des deux Tambours: il ſera accordé de plus ſix ſols pour chacune des dix payes de gratification, ſur le pied des gradations portées par l'article ci-après.

Compagnies de Bombardiers.

Les deux compagnies de Bombardiers de chaque bataillon, ſeront compoſées chacune d'un Capitaine en pied, un Capitaine en ſecond, un premier Lieutenant, un Lieutenant en ſecond, deux Sous-lieutenans, deux Cadets, quatre Sergens, deux Tambours, quatre Caporaux, quatre Anſpeſſades, ſeize Artificiers-Bombardiers, & ſoixante-huit Bombardiers, & payées par jour, ſçavoir, ſept livres un ſol au Capitaine en pied, trois livres au Capitaine en ſecond, cinquante ſols au premier Lieutenant, quarante ſols au Lieutenant en ſecond, trente ſols à chacun des deux Sous-lieutenans, douze ſols à chacun des deux Cadets, vingt ſols ſix deniers à chacun des quatre Sergens, quatorze ſols ſix deniers à chacun des quatre Caporaux, onze ſols ſix deniers à chacun des quatre Anſpeſſades, quinze ſols à chacun de quatre des ſeize Artificiers-Bombardiers, douze ſols à chacun des ſix autres, & dix ſols auſſi à chacun des ſix autres Artificiers-Bombardiers: entendant

Sa Majeſté que l'augmentation de paye ſoit donnée ſeulement à ceux d'entr'eux qui ſe diſtingueront par leur zèle & capacité dans leur métier, & non à la ſimple ancienneté du ſervice; neuf ſols ſix deniers à chacun de douze des ſoixante-huit Bombardiers, ſept ſols à chacun de douze autres, & ſix ſols à chacun des quarante-quatre Bombardiers reſtans, & neuf ſols ſix deniers à chacun des deux Tambours : il ſera accordé de plus ſix ſols pour chacune des dix payes de gratification que Sa Majeſté accorde au Capitaine de chaque compagnie de Canonniers & de Bombardiers, ſa compagnie étant de quatre-vingt-quinze hommes juſqu'à cent, huit deſdites payes de quatre-vingt-dix à quatre-vingt-quatorze, ſix de quatre-vingt-cinq à quatre-vingt-neuf, quatre de quatre-vingt à quatre-vingt-quatre, deux de ſoixante-quinze à ſoixante-dix-neuf, & une ſeulement de ſoixante-dix à ſoixante-quatorze, le Capitaine n'en pouvant prétendre aucune, ſa compagnie étant au deſſous dudit nombre de ſoixante-dix hommes.

Etat-major. L'Etat-major de chacun deſdits bataillons, ſera payé à raiſon de ſix livres deux ſols deux deniers au Lieutenant-colonel, outre ſes appointemens de Capitaine; neuf livres trois ſols trois deniers au Major, ſix livres deux ſols deux deniers à l'Aide-major, & dix ſols à chacun des Aumônier & Chirurgien.

Il ſera payé cinq livres par jour au Colonel-lieutenant dudit régiment, ſçavoir, cinquante-cinq ſols pour ſes appointemens en ladite qualité, & quarante-cinq ſols pour lui tenir lieu de la Prévôté que Sa Majeſté a jugé à propos de ſupprimer, ainſi que le Maréchal-des-logis, pour lequel traitement il ſera expédié des ordonnances particulières payables à Paris.

Du 1er Novembre 1744.

Chacune des cinq compagnies de Mineurs, qui doivent servir séparément ou avec lesdits bataillons, composée de cinquante hommes, sera payée sur le pied par jour de six livres cinq sols au Capitaine, de cinquante sols au premier Lieutenant, quarante sols au second Lieutenant, trente sols à chacun des deux Sous-lieutenans, vingt sols six deniers à chacun des trois Sergens, quatorze sols six deniers à chacun des trois Caporaux, onze sols six deniers à chacun des trois Anspessades, douze sols à chacun des deux Cadets, dix sols six deniers à chacun des seize Mineurs, sept sols à chacun des vingt-deux Apprentifs, neuf sols six deniers au Tambour; & de sept sols pour chacune des cinq payes de gratification que Sa Majesté accorde au Capitaine lorsque sa compagnie sera de quarante-sept hommes & au-dessus, jusqu'au complet de cinquante; quatre à quarante-cinq & quarante-six, trois à quarante-trois & quarante-quatre, deux à quarante-un & quarante-deux, une seulement à quarante, & rien au dessous. *Mineurs.*

Sa Majesté ayant par son ordonnance particulière du 24 août 1744, établi qu'il seroit entretenu dans l'une des cinq compagnies de Mineurs ci-dessus, commandée par le sieur de Turmel, vingt-cinq Apprentifs surnuméraires, jusqu'à ce qu'Elle en ordonne autrement; son intention est qu'à commencer du premier novembre 1744, ils soient payez chacun de sept sols de solde par jour, sans que cette augmentation en produise aucune dans les hautes payes ni dans les payes de gratification de la compagnie. *Surnuméraires dans la compagnie de Mineurs de Turmel.*

Chacune des cinq compagnies d'Ouvriers, composée de quarante hommes, qui doivent aussi servir avec lesdits bataillons, ou séparément, sera payée sur le pied par jour *Ouvriers.*

de ſix livres au Capitaine, quarante ſols au Lieutenant; trente-cinq ſols au ſecond Lieutenant, vingt ſols à chacun des trois Maîtres-ouvriers, dix-huit ſols à chacun des trois Sous-maîtres-ouvriers, quinze ſols à chacun des ſeize Ouvriers, douze ſols à chacun des neuf autres, dix ſols à chacun des huit Apprentifs & un Tambour; & dix ſols pour chacune des quatre payes de gratification que Sa Majeſté accorde au Capitaine, ſa compagnie étant à trente-huit hommes & au-deſſus juſqu'au complet de quarante; trois à trente-ſix & trente-ſept, deux à trente-quatre & trente-cinq, & une ſeulement à trente-trois; ſans que le Capitaine en puiſſe prétendre aucune, ſa compagnie étant au-deſſous dudit nombre de trente-trois.

Surnuméraires dans la compagnie d'Ouvriers de Guille.

Sa Majeſté ayant par ſon ordonnance particulière du 24 août 1744, établi qu'il ſeroit entretenu dans l'une des cinq compagnies d'Ouvriers ci-deſſus, commandée par le ſieur de Guille, vingt Apprentifs ſurnuméraires juſqu'à ce qu'Elle en ordonne autrement; ſon intention eſt qu'à commencer du premier novembre 1744, ils ſoient payez chacun de dix ſols de ſolde par jour, ſans que cette augmentation en produiſe aucune dans les hautes payes ni dans les payes de gratification de la compagnie.

Solde conſervée à deux Mineurs.

Sa Majeſté voulant continuer aux nommez Dauphiné & la Baſtide Mineurs, la même ſolde qu'ils avoient anciennement dans les compagnies de Valliere & de de Lorme, juſqu'à ce qu'ils parviennent à d'autres grades équivalens; ſon intention eſt qu'au lieu de quatorze ſols ſix deniers ci-deſſus ordonnez aux Caporaux des compagnies de Mineurs, & de dix ſols ſix deniers à chacun des ſeize Mineurs, il ſoit payé vingt ſols par jour audit Dauphiné Caporal dans la compagnie de Turmel, & quinze ſols aussi par jour audit la Bastide Mineur de la compagnie de de Lorme.

Masse du régiment Royal-Artillerie, & des compagnies de Mineurs & d'Ouvriers.

Outre la solde ci-dessus réglée, il sera payé, ainsi que dans les autres régimens d'Infanterie françoise, vingt deniers par jour pour chaque Sergent, & chacun des trois Maître-ouvriers dans les compagnies d'Ouvriers, & dix deniers pour chaque Caporal, Anspessade, Canonnier, Bombardier, Sappeur, Mineur, Sous-maître-ouvrier, Ouvrier, Apprentif, Cadet, Fusilier & Tambour, même pour les surnuméraires entretenus en conséquence de l'ordonnance particulière du 24 août 1744, sçavoir, vingt-cinq dans la compagnie de Mineurs de Turmel, & vingt dans celle d'Ouvriers de Guille, qui formeront une masse toûjours compléte, laquelle sera délivrée sur la main-levée du Directeur général des écoles d'artillerie, & employée à l'habillement desdits bataillons & compagnies.

RÉGIMENT D'ARQUEBUSIERS de GRASSIN.

Compagnies de Fusiliers.

Le régiment d'Arquebusiers de Grassin, de douze cens hommes, dont neuf cens à pied & trois cens à cheval, levé par ordonnance du premier janvier 1744, les neuf cens à pied formant neuf compagnies de cent hommes chacune, commandées par un Capitaine, avec un premier Lieutenant & un Lieutenant en second, composées de quatre Sergens, un Fourrier, un Capitaine d'armes, deux Cadets, quatre Caporaux, quatre Anspessades, dix Grenadiers & soixante-quatorze Arquebusiers, y compris deux Tambours, seront payez sur le pied, sçavoir, de cinq livres par jour au Capitaine, trente sols au premier Lieutenant, vingt sols au Lieutenant en second; onze sols à chacun des quatre Sergens, dix sols au Fourrier, neuf sols au Capitaine d'armes, dix sols à chacun des deux Cadets, sept sols six deniers à chacun des quatre Caporaux, ſix ſols ſix deniers à chacun des quatre Anſpeſſades & dix Grenadiers, & cinq ſols ſix deniers à chacun des ſoixante-quatorze Arquebuſiers, y compris deux Tambours. Il ſera de plus accordé au Capitaine huit payes de gratification de cinq ſols ſix deniers chacune, ſa compagnie étant au nombre de cent hommes, ſept de quatre-vingt-quinze à quatre-vingt-dix-neuf, ſix de quatre-vingt-dix à quatre-vingt-quatorze, cinq de quatre-vingt-cinq à quatre-vingt-neuf, & quatre ſeulement de quatre-vingt à quatre-vingt-quatre; le Capitaine n'en devant prétendre aucune, ſa compagnie étant au deſſous dudit nombre de quatre-vingt.

Compagnies à cheval.

Les trois cens hommes à cheval formant ſix compagnies de cinquante hommes chacune, commandées par un Capitaine, avec un Lieutenant, un Cornette & un Maréchal-des-logis, compoſées de trois Brigadiers & quarante-ſept Arquebuſiers, y compris un Trompette ou Tambour, ſeront payez ſur le pied par jour, ſçavoir, de ſix livres au Capitaine, trois livres au Lieutenant, quarante-cinq ſols au Cornette, vingt-ſix ſols huit deniers au Maréchal-des-logis, neuf ſols à chacun des Brigadiers, & ſept ſols à chacun des quarante-ſept Arquebuſiers, compris le Trompette ou Tambour.

Ordonne Sa Majeſté qu'il ſoit entretenu ſur pied dans chacune des compagnies Colonelle & Lieutenante-colonelle d'Infanterie & de Cavalerie dudit régiment, un Capitaine en ſecond ou réformé, pour les commander en l'abſence du Colonel & du Lieutenant-colonel, auxquels Capitaines il ſera payé par mois, ſçavoir, à ceux des compagnies d'Infanterie, quarante-cinq livres, & à ceux de Cavalerie, ſoixante-ſept livres dix ſols, en paſſant préſens aux revûes des Commiſſaires des guerres.

Quant

Du 1er Novembre 1744.

Quant à l'Etat-major dudit régiment, il sera payé au Colonel trois livres six sols huit deniers par jour, quarante sols au Lieutenant-colonel, outre les appointemens qu'ils toucheront comme Capitaine, six livres au Major, trois livres à chacun des deux Aide-majors, trente sols à l'Aumônier, & vingt sols au Chirurgien. *Etat-major.*

Outre la solde ci-dessus, il sera fait un fonds pour la masse sur le pied complet, à raison de vingt deniers par jour pour chaque Sergent, & de dix deniers pour chaque Fourrier, Capitaine d'arme, Cadets, Caporaux, Anspessades, Grenadiers, Arquebusiers, Tambours dans les compagnies à pied, Brigadiers, Arquebusiers, Trompettes ou Tambours dans les compagnies à cheval. *Masse du régiment d'Arquebusiers de Grassin.*

Le régiment Royal-Lorraine, formé par ordonnance du 30 janvier 1744, sur le pied de trois bataillons, chacun de neuf compagnies, dont une de Grenadiers de cinquante hommes, & huit de Fusiliers de soixante-quinze hommes chacune, sera payé sur le pied par jour, sçavoir, ROYAL-LORRAINE.

Chaque compagnie de Grenadiers, de sept livres au Capitaine, quatre livres au Capitaine en second, quarante sols au Lieutenant en premier, trente-cinq sols au Lieutenant en second, douze sols à chacun des trois Sergens, huit sols six deniers à chacun des trois Caporaux, sept sols six deniers à chacun des trois Anspessades, & six sols six deniers à chacun des quarante Grenadiers & un Tambour. *Compagnie de Grenadiers.*

Chaque compagnie de Fusiliers sera payée sur le pied par jour de six livres au Capitaine, trois livres dix-sols au Capitaine en second, trente-cinq sols au Lieutenant en premier, trente sols au Lieutenant en second, onze sols à chacun des quatre Sergens, sept sols six deniers à chacun des six Caporaux, six sols six deniers à chacun des six *Compagnies de Fusiliers.*

Anſpeſſades, & cinq ſols ſix deniers à chacun des cinquante-ſept Fuſiliers & deux Tambours.

Enſeignes. Il ſera auſſi payé par jour trente ſols à chacun des neuf Enſeignes qui ſont dans les trois premières compagnies de Fuſiliers de chaque bataillon.

Etat-major avec prévôté. L'Etat-major dudit régiment ſera payé ſur le pied par jour, ſçavoir, ſix livres au Colonel, quatre livres au Lieutenant-colonel, quarante ſols à chacun des Commandans des deuxième & troiſième bataillons, outre leurs appointemens de Capitaine, ſix livres au Major, trois livres dix ſols à chacun des trois Aide-majors, vingt ſols au Maréchal-des-logis, dix ſols à chacun des Aumônier & Chirurgien, vingt-ſix ſols huit deniers au Prévôt, treize ſols quatre deniers à ſon Lieutenant, huit ſols quatre deniers au Greffier, & cinq ſols à chacun des cinq Archers & à l'Exécuteur de juſtice.

Maſſe du régiment Royal-Lorraine. Outre la ſolde ci-deſſus, il ſera fait un fonds pour la maſſe ſur le pied complet, à raiſon de vingt deniers par jour pour chaque Sergent, & de dix deniers pour chaque Caporal, Anſpeſſade, Grenadier, Fuſilier & Tambour.

WALONS. Les régimens Royal-Walon & de Boufflers-Walon, levez par ordonnance du premier Juillet 1744, compoſez chacun de deux bataillons, chaque bataillon de treize compagnies, dont une de Grenadiers de quarante-cinq hommes, & douze de Fuſiliers de cinquante-cinq hommes chacune, ſeront payez, ſçavoir,

Compagnies de Grenadiers. Chaque compagnie de Grenadiers ſur le pied par jour de quatre livres ſix deniers au Capitaine, trente-quatre ſols dix deniers au Lieutenant, y compris deux ſols dix deniers de ſupplément, vingt ſols au Sous-lieutenant, douze ſols à chacun des deux Sergens, huit ſols ſix deniers à chacun des trois Caporaux, ſept ſols ſix deniers à chacun des trois Anſpeſſades, ſix ſols ſix deniers à chacun des trente-ſix Grenadiers & un Tambour, & ſix ſols ſix deniers pour chacune des trois payes de gratification que le Capitaine recevra, ſa compagnie étant à quarante-quatre & quarante-cinq hommes, deux deſdites payes la compagnie étant à quarante-un, quarante-deux & quarante-trois, une ſeulement lorſqu'elle ne ſera qu'à quarante, & rien au deſſous dudit nombre.

Soldats tirez pour les Grenadiers.

Le Capitaine de Grenadiers, au moyen du traitement ci-deſſus, payera vingt-cinq livres de chaque Soldat qui ſera tiré dans le régiment pour entrer dans ſa compagnie.

Compagnies de Fuſiliers.

Chacune des douze compagnies de Fuſiliers par bataillon, ſera payée ſur le pied par jour de trois livres ſix ſols huit deniers au Capitaine, y compris ſeize ſols huit deniers de ſupplément, vingt-deux ſols dix deniers au Lieutenant, y compris deux ſols dix deniers de ſupplément, treize ſols quatre deniers au Sous-lieutenant, onze ſols à chacun des trois Sergens, ſept ſols ſix deniers à chacun des trois Caporaux, ſix ſols ſix deniers à chacun des cinq Anſpeſſades, cinq ſols ſix deniers à chacun des quarante-trois Fuſiliers & un Tambour: le Capitaine, outre l'appointement ci-deſſus, recevra quatre payes de gratification de cinq ſols ſix deniers chacune, lorſque ſa compagnie ſe trouvera de cinquante-quatre & cinquante-cinq hommes, trois deſdites payes lorſqu'elle ſera de cinquante-un, cinquante-deux & cinquante-trois, deux lorſqu'elle ſera de quarante-huit, quarante-neuf & cinquante, & une ſeulement lorſqu'elle ſera de quarante-cinq, quarante-ſix & quarante-ſept, n'en pouvant prétendre aucune ſa compagnie étant au deſſous dudit nombre de quarante-cinq hommes.

Soldats Charpentiers. Le Soldat Charpentier entretenu dans chacune des six premières compagnies de chaque bataillon, recevra trois deniers par jour d'augmentation de solde.

Enseignes. L'Enseigne qui est en chacune des compagnies Colonelle & Lieutenante-colonelle, au lieu d'un Sous-lieutenant, sera payé par jour de dix-sept sols dix deniers y compris deux sols dix deniers de supplément.

Etat-major. Les Officiers de l'Etat-major de chacun desdits deux régimens, seront payez sur le pied de trente-trois sols quatre deniers par jour au Colonel, quarante-cinq sols au Lieutenant-colonel, y compris vingt-cinq sols de supplément, outre leurs appointemens de Capitaine; trois livres six sols huit deniers au Major, y compris seize sols huit deniers de supplément; trente-six sols deux deniers à l'Aide-major, y compris deux sols dix deniers de supplément; vingt sols au Maréchal-des-logis, & dix sols à chacun des Aumônier & Chirurgien.

Commandans & Aide-majors des seconds bataillons. Le Commandant du second bataillon de chacun desdits régimens, sera payé sur le pied par jour de trente-six sols huit deniers, y compris seize sols huit deniers de supplément, outre ses appointemens de Capitaine; & l'Aide-major desdits bataillons, de trente-six sols deux deniers aussi par jour, y compris deux sols dix deniers de supplément.

Masse des régimens Walons. Outre la solde ci-dessus, il sera fait un fonds pour la masse sur le pied complet, à raison de vingt deniers par jour pour chaque Sergent, & de dix deniers pour chaque Caporal, Anspessade, Grenadier, Fusilier & Tambour.

FUSILIERS de MONTAGNE. Les douze compagnies de chacun des deux bataillons de Fusiliers de Montagne, levez en Roussillon en conséquence de l'ordonnance du 12 février 1744, de cinquante

Du 1.ere Novembre 1744.

hommes chacune, sans les Officiers, seront payées à raison de trois livres par jour au Capitaine, sa compagnie étant à cinquante hommes effectifs, sans les Officiers; cinquante sols lorsqu'elle sera de quarante-deux jusqu'à quarante-neuf, quarante-cinq sols lorsqu'elle sera de trente-cinq jusqu'à quarante-un, & quarante sols seulement lorsqu'elle ne sera qu'à trente-quatre hommes & au dessous, les Officiers non compris; trente sols au Lieutenant, vingt-cinq sols au Lieutenant en second de chaque première compagnie de bataillon, quinze sols à chacun des deux Brigadiers, onze sols à chacun des deux Sous-brigadiers, & neuf sols à chacun des quarante-cinq Fusiliers & un Tambour. *Compagnies.*

Etat-major. Le Commandant de chaque bataillon recevra quarante sols par jour outre ses appointemens de capitaine, l'Aide-major cinquante sols, l'Aumônier trente sols, & le Chirurgien vingt-cinq sols; le Colonel commandant lesdits bataillons dix livres aussi par jour, & le Major desdits deux bataillons cinq livres.

MILICES. Les bataillons de Milice levez dans les provinces du Royaume, composez chacun de douze compagnies, seront payez tant qu'ils serviront dans les places de guerre ou sur les frontières, sur le pied, sçavoir, chaque compagnie, de trois livres par jour au Capitaine, vingt sols au Lieutenant, onze sols à chacun des deux Sergens, sept sols six deniers à chacun des trois Caporaux, six sols six deniers à chacun des trois Anspessades, cinq sols six deniers à chaque Fusilier, & sept sols six deniers au Tambour.

Commandans & Aide-majors de bataillon. Il sera payé, aussi par jour, trente sols au Lieutenant-Colonel, & où il n'y en aura pas, au Capitaine-Commandant de chaque bataillon, outre ses appointemens de Capitaine, & quarante-cinq sols à l'Aide-major.

Retenue sur la solde, pour linge & chaussure des Milices.

Veut Sa Majesté qu'il soit retenu sur la solde, un sol par jour à chaque Sergent, & six deniers à chaque Caporal, Anspessade, Fusilier & Tambour, pour faire une Masse qui sera remise entre les mains de l'Aide-major, pour leur être délivrée & employée par les soins des Commissaires des guerres, à les fournir de linge & de chaussure.

MILICES DE LORRAINE.

Chacun des neuf bataillons des trois régimens de Milice levez dans les Duchés de Lorraine & de Bar, composé de douze compagnies de cinquante hommes, sera payé tant qu'il servira dans les places de guerre ou sur les frontières, sur le pied par jour de trois livres au Capitaine

Compagnies.

de chacune desdites compagnies, vingt sols au Lieutenant, onze sols à chacun des deux Sergens, sept sols six deniers à chacun des trois Caporaux, six sols six deniers à chacun des trois Anspessades, cinq sols six deniers à chacun des quarante-un Fusiliers, & sept sols six deniers au Tambour.

Etat-major.

Les Officiers de l'Etat-major de chacun desdits trois régimens, seront payez sur le pied par jour de quarante sols au Colonel, trente sols à chaque Commandant de bataillon, outre leurs appointemens de Capitaine, trois livres à chaque Major, & quarante-cinq sols à chaque Aide-major.

TROUPES BOULONNOISES.

Compagnie de Grenadiers.

Les régimens des troupes Boulonnoises, composez chacun de treize compagnies, seront payez pendant qu'ils serviront dans les places, sçavoir, la compagnie de Grenadiers de quarante-cinq hommes, sur le pied par jour de quatre livres six deniers au Capitaine, trente-quatre sols dix deniers au Lieutenant, douze sols à chacun des deux Sergens, huit sols six deniers à chacun des trois Caporaux, ſept ſols ſix deniers à chacun des trois Anſpeſſades, ſix ſols ſix deniers à chacun des trente-ſix Grenadiers & au Tambour; & ſix ſols ſix deniers pour chacune des trois payes de gratification que le Capitaine doit recevoir, ſa compagnie étant de quarante-cinq & quarante-quatre hommes, deux deſdites payes la compagnie étant à quarante-un, quarante-deux & quarante-trois, une ſeulement lorſqu'elle ne ſera qu'à quarante, & rien au deſſous dudit nombre.

Compagnies de Fuſiliers.

Chacune des douze compagnies de Fuſiliers, compoſée de quarante hommes, ſera payée à raiſon par jour de trois livres ſix ſols huit deniers au Capitaine, vingt-deux ſols dix deniers au Lieutenant, onze ſols à chacun des deux Sergens, ſept ſols ſix deniers à chacun des trois Caporaux, ſix ſols ſix deniers à chacun des trois Anſpeſſades, & cinq ſols ſix deniers à chacun des trente-un Fuſiliers & un Tambour: le Capitaine, outre l'appointement ci-deſſus, recevra trois payes de gratification de cinq ſols ſix deniers chacune, lorſque ſa compagnie ſe trouvera compoſée de quarante & trente-neuf hommes, deux deſdites payes lorſqu'elle ſera à trente-ſix, trente-ſept & trente-huit, une ſeulement à trente-cinq; n'en pouvant prétendre aucune, ſa compagnie étant au deſſous dudit nombre de trente-cinq hommes.

Enſeignes.

L'Enſeigne qui eſt en chacune des compagnies Colonelle & Lieutenante-colonelle, ſera payé ſur le pied par jour de dix-ſept ſols ſix deniers.

Etat-major.

Les Officiers de l'Etat-major de chacun deſdits régimens, ſeront payez ſur le pied par jour de trente-trois ſols quatre deniers au Colonel, quarante-cinq ſols au Lieutenant-colonel, outre leurs appointemens de

Capitaine; trois livres six sols huit deniers au Major, trente-six sols deux deniers à l'Aide-major, vingt sols au Maréchal-des-logis, & dix sols à chacun des Aumônier & Chirurgien.

Masse des troupes Boulonnoises.

Outre la solde ci-dessus réglée pour les Sergens, Caporaux, Anspessades, Grenadiers, Soldats & Tambours, qui leur sera payée sans aucune retenue, au moyen de quoi ils doivent s'entretenir de linge & de chaussure, il sera donné vingt deniers par jour pour chaque Sergent, & dix deniers pour chacun des autres, qui formeront une Masse toûjours compléte pour chaque bataillon, sans avoir égard aux hommes qui pourroient manquer dans les compagnies; laquelle demeurera entre les mains du Trésorier, qui en donnera sa reconnoissance à la fin de chaque mois, au Major ou autre Officier chargé du détail du régiment, pour être ladite masse employée à l'habillement desdits régimens, & remise sur la main-levée de l'Inspecteur desdites troupes Boulonnoises.

COMPAGNIE de DREUX.

La compagnie de Dreux, qui est aux Isles Sainte-Marguerite & S. Honorat, composée d'un Capitaine, deux Lieutenans, deux Sergens, un Caporal, un Anspessade, trente Soldats & un Tambour, sera payée sur le pied par jour de quatorze livres trois sols quatre deniers au Capitaine, y compris onze livres cinq sols d'augmentation; trois livres trois sols quatre deniers à chacun des deux Lieutenans, y compris trente-trois sols quatre deniers d'augmentation; douze sols à chacun des deux Sergens, huit sols au Caporal, sept sols à l'Anspessade, six sols à chacun des trente Soldats & au Tambour; & le Chapelain qui est avec ladite compagnie, recevra seize sols huit deniers par jour.

Les

Du 1er Novembre 1744.

Les compagnies de Bock, de Mandre, Galhau, Duchemin, Pauly, la Harte, la Croix, & Jacob, composées de cent cinquante hommes chacune, seront payées sur le pied par jour de sept livres dix sols au Capitaine en pied, trente sols au Capitaine réformé, vingt-sept sols huit deniers à chacun des Lieutenans en premier & en second, seize sols huit deniers à chacun des cinq Lieutenans réformez, onze sols à chacun des six Sergens, neuf sols six deniers à chacun des neuf Caporaux, sept sols six deniers à chacun des neuf Anspessades, & cinq sols six deniers à chacun des cent vingt-trois Fusiliers & trois Tambours : le Capitaine recevra en outre huit payes de gratification de cinq sols six deniers chacune, lorsque sa compagnie se trouvera à cent quarante-quatre hommes & au-dessus, jusqu'au complet de cent cinquante; six à cent quarante, cent quarante-un, cent quarante-deux & cent quarante-trois; quatre à cent trente-sept, cent trente-huit & cent trente-neuf; deux à cent trente-cinq & cent trente-six, & rien au dessous dudit nombre de cent trente-cinq. *COMPAGNIES FRANCHES d'Infanterie. Partisans. Compagnies.*

La compagnie franche de Fusiliers de le Gagneur, mise sur pied en conséquence de l'ordonnance du 10 août 1744, sera payée sur le pied par jour de sept livres dix sols au Capitaine en pied, trente sols à chacun du Capitaine en second & des deux Capitaines réformez, vingt-sept sols huit deniers au Lieutenant en pied, seize sols huit deniers à chacun des cinq Lieutenans en second ou réformez, onze sols à chacun des six Sergens, neuf sols six deniers à chacun des neuf Caporaux, sept sols six deniers à chacun des neuf Anspessades, & cinq sols six deniers à chacun des cent vingt-trois Fusiliers & trois Tambours : le Capitaine recevra en outre huit payes de gratification de *Compagnie franche de le Gagneur.*

cinq ſols ſix deniers chacune, lorſque ſa compagnie ſe trouvera à cent quarante-quatre hommes & au deſſus, juſqu'au complet de cent cinquante, ſix à cent quarante, cent quarante-un, cent quarante-deux & cent quarante-trois, quatre à cent trente-ſept, cent trente-huit & cent trente-neuf, deux à cent trente-cinq & cent trente-ſix, & rien au deſſous dudit nombre de cent trente-cinq.

Compagnies franches de Proviſy & Maſſanne.

Les compagnies de Proviſy & Maſſanne, de cent hommes chacune, levées par ordonnance du 26. décembre 1742, compoſées du Capitaine en pied, d'un Capitaine réformé, deux Lieutenans en pied, deux Lieutenans réformez; quatre Sergens, ſix Caporaux, ſix Anſpeſſades, & quatre-vingt-quatre Fuſiliers, compris deux Tambours, ſeront payées ſur le pied par jour de cinq livres au Capitaine en pied, trente ſols au Capitaine réformé, vingt-ſept ſols huit deniers à chacun des deux Lieutenans, ſeize ſols huit deniers à chacun des deux Lieutenans réformez, onze ſols à chacun des quatre Sergens, neuf ſols ſix deniers à chacun des ſix Caporaux, ſept ſols ſix deniers à chacun des ſix Anſpeſſades, & cinq ſols ſix deniers à chacun des quatre-vingt-deux Fuſiliers & deux Tambours: le Capitaine recevra en outre ſix payes de gratification de cinq ſols ſix deniers chacune, ſa compagnie étant compoſée de quatre-vingt-quinze hommes & au deſſus juſqu'à cent, les Officiers non compris; quatre deſdites payes depuis quatre-vingt-dix juſqu'à quatre-vingt-quatorze, deux ſeulement depuis quatre-vingt juſqu'à quatre-vingt-neuf, & rien au deſſous dudit nombre de quatre-vingt.

Compagnie de Damien.

La compagnie de Damien, de cinquante hommes, levée par ordonnance particulière du premier ſeptembre 1743. compoſée du Capitaine, un Lieutenant, deux

(Du 1.ère Novembre 1744.

Sergens, trois Caporaux, trois Anſpeſſades, quarante-un Fuſiliers & un Tambour, ſera payée ſur le pied par jour de quatre livres au Capitaine, vingt-ſept ſols huit deniers au Lieutenant, onze ſols à chacun des deux Sergens, neuf ſols ſix deniers à chacun des trois Caporaux, ſept ſols ſix deniers à chacun des trois Anſpeſſades, & cinq ſols ſix deniers à chacun des quarante-un Fuſiliers & un Tambour : le Capitaine recevra en outre trois payes de gratification de cinq ſols ſix deniers chacune, ſa compagnie étant compoſée de quarante-neuf à cinquante hommes, deux deſdites payes lorſqu'elle ſera de quarante-ſix, quarante-ſept & quarante-huit, une ſeulement à quarante-cinq, & rien au deſſous dudit nombre.

Compagnie de Bruck.

La compagnie de Bruck, compoſée de cinquante Fuſiliers-guides, ſera payée ſur le pied par jour de quatre livres au Capitaine, vingt-ſept ſols huit deniers au Lieutenant en pied, ſeize ſols huit deniers au Lieutenant réformé, treize ſols à chacun des deux Sergens, dix ſols ſix deniers à chacun des trois Caporaux, huit ſols ſix deniers à chacun des trois Anſpeſſades, & ſix ſols ſix deniers à chacun des quarante-un Fuſiliers-guides & un Tambour : le Capitaine recevra en outre trois payes de gratification de ſix ſols ſix deniers chacune, ſa compagnie étant compoſée de quarante-neuf & cinquante hommes, deux lorſqu'elle ſera de quarante-ſix, quarante-ſept & quarante-huit, une ſeulement à quarante-cinq, & rien au deſſous dudit nombre.

Officiers réformez attachez à la ſuite des compagnies franches d'Infanterie.

A l'égard des Officiers réformez entretenus à la ſuite deſdites compagnies franches, ils ſeront payez, ſçavoir, chaque Capitaine réformé ſur le pied de quarante-cinq livres par mois, & les Lieutenans réformez de vingt-cinq livres aussi par mois, en passant présens aux revûes des Commissaires ordinaires des guerres.

Masse des compagnies franches d'Infanterie.

Outre la solde ci-dessus il sera payé vingt deniers par jour pour chaque Sergent, & dix deniers pour chaque Soldat, Fusilier-guide & Tambour, qui composeront une Masse toûjours compléte destinée à l'habillement desdites compagnies, laquelle sera délivrée sur la main-levée du Directeur ou Inspecteur général de l'Infanterie.

Compagnie franche de Chasseurs de Fischer.

La compagnie franche de Chasseurs de Fischer, composée de cent hommes, dont soixante à pied & quarante à cheval, sera payée sur le pied qui sera réglé par une ordonnance particulière.

Fourrage de la compagnie de Fischer.

Il sera fourni en outre du fourrage à cette compagnie pendant l'hiver, sur les états que Sa Majesté fera expédier pour ses troupes de cavalerie, sur le pied par jour de six rations au Capitaine, quatre rations à chaque Lieutenant, deux au Maréchal-des-logis, & une à chacun des quarante Chasseurs à cheval.

Compagnie d'Arquebusiers d'Aygoin.

La compagnie d'Arquebusiers d'Aygoin, de soixante hommes, levée en Roussillon en conséquence de l'ordonnance particulière du 10 février 1739, continuera d'être payée sur le pied par jour de cinq livres au Capitaine, trente sols à chacun des premier & second Lieutenans, quinze sols à chacun des trois Brigadiers, & neuf sols à chacun des cinquante-cinq Arquebusiers & deux Tambours.

Retenue pour l'habillement de la compagnie.

Il sera retenu pour l'habillement des Officiers & Arquebusiers de ladite compagnie, vingt sols par jour sur les appointemens du Capitaine, dix sols sur ceux de chaque Lieutenant, quatre sols sur la solde de chaque Brigadier, & deux sols sur celle de chaque Arquebusier & Tambour; laquelle retenue demeurera entre les mains du Commis de l'Extraordinaire des guerres en Rouſſillon, qui en donnera ſa reconnoiſſance mois par mois au Capitaine de ladite compagnie, & il n'en remettra le fonds que ſur la main-levée de l'Intendant de ladite province de Rouſſillon.

INVALIDES.

Les compagnies détachées de l'Hôtel royal des Invalides, de ſoixante hommes chacune, ſeront payées, à la réſerve de celles dont il ſera parlé ci-après, ſur le pied par jour de cinquante ſols au Capitaine, de vingt ſols à chaque Lieutenant, dix ſols à chacun des trois Sergens, ſept ſols à chacun des trois Caporaux, ſix ſols à chacun des trois Anſpeſſades, & cinq ſols à chacun des cinquante Soldats & un Tambour: s'il ſe trouve des ſurnuméraires dans leſdites compagnies, les Commiſſaires des guerres les comprendront dans leurs revûes, & ils continueront d'être payez comme il a été réglé par l'Ordonnance du 22 juin 1737, de cinq ſols de ſolde par jour.

Compagnie de Dupuy.

La compagnie de Dupuy, de quatre-vingts hommes, recevra le même traitement porté ci-deſſus pour les compagnies dudit Hôtel, de ſoixante hommes, & les vingt hommes d'augmentation ſeront payez ſur le pied de cinq ſols chacun par jour.

Compagnie de Saint-Julien.

La compagnie de Saint-Julien, en garniſon au château de Dijon, qui a été portée juſqu'à cent hommes par ordonnance particulière du 15 Octobre 1740, ſera payée ſur le pied par jour de cinquante ſols au Capitaine, de vingt ſols à chacun des cinq Lieutenans, dix ſols à chacun des trois Sergens, ſept ſols à chacun des trois Caporaux, ſix ſols à chacun des trois Anſpeſſades, & cinq ſols à chacun des quatre-vingt-onze Fuſiliers, compris les Tambours.

Compagnie de Jacquet.

La compagnie de Jacquet, de ſoixante-dix hommes, ſera payée à raiſon de cinquante ſols par jour au Capitaine, pareils cinquante ſols au Capitaine en ſecond, vingt ſols à chaque Lieutenant, douze ſols à chacun des trois Sergens, neuf ſols à chacun des trois Caporaux, huit ſols à chacun des trois Anſpeſſades, & ſept ſols à chacun des ſoixante Fuſiliers & un Tambour.

Compagnies de bas-Officiers, de Chazal & de Beauſoleil.

Les compagnies de Chazal & de Beauſoleil, de bas-Officiers, de cent cinquante hommes chacune, ſeront payées ſur le pied par jour de cinquante ſols au Capitaine, pareils cinquante ſols au Capitaine en ſecond, vingt ſols à chacun des ſix Lieutenans, douze ſols à chacun des ſix Sergens, neuf ſols à chacun des ſix Caporaux, huit ſols à chacun des ſix Anſpeſſades, & ſept ſols à chacun des cent trente Fuſiliers & deux Tambours.

Compagnies de bas-Officiers, de d'Autanne, Bruchet & l'Arzillier.

Les compagnies de d'Autanne, Bruchet & l'Arzillier, auſſi de bas-Officiers, qui ſervent à Luneville à la garde à pied du Roy de Pologne, compoſées chacune de cent quarante hommes, ſeront payées ſur le pied par jour de trois livres au Capitaine, trente ſols à chacun des trois Lieutenans, douze ſols à chacun des ſix Sergens, neuf ſols à chacun des ſix Caporaux, huit ſols à chacun des ſix Anſpeſſades, & ſept ſols à chacun des cent dix-huit Fuſiliers & quatre Tambours; & le ſieur la Croiſete Aide-major, chargé du détail deſdites compagnies, ſera payé ſur le pied de trois livres auſſi par jour.

Compagnie de bas-Officiers de Dornet.

La compagnie de Dornet, auſſi de bas-Officiers, ſervant à la citadelle de Challon-ſur-Saône, compoſée de ſoixante-dix hommes, ſera payée ſur le pied par jour de cinquante ſols au Capitaine, vingt ſols à chacun des deux Lieutenans, douze ſols à chacun des trois Sergens, neuf ſols à chacun des trois Caporaux, huit ſols à chacun des trois Anſpeſſades, & ſept ſols à chacun des ſoixante-un Fuſiliers, compris un Tambour.

Du 1.er Novembre 1744.

La compagnie de bas-Officiers de d'Apremont, composée de quatre-vingts hommes, sera payée sur le pied par jour de cinquante sols au Capitaine, vingt sols à chacun des quatre Lieutenans, douze sols à chacun des quatre Sergens, neuf sols à chacun des quatre Caporaux, huit sols à chacun des quatre Anspessades, & sept sols à chacun des soixante-huit Fusiliers, compris un Tambour.

Compagnies de bas-Officiers de d'Apremont.

La compagnie de Merciére, en garnison à l'Orient, composée de cent hommes, sera payée sur le pied par jour de cinquante sols au Capitaine, vingt sols à chacun des cinq Lieutenans, dix sols à chacun des quatre Sergens, sept sols à chacun des quatre Caporaux, six sols à chacun des quatre Anspessades, & cinq sols à chacun des quatre-vingt-huit Fusiliers, compris les Tambours.

Compagnie de Merciére.

I V.

INFANTERIE E'TRANGE'RE.

QUANT aux troupes d'Infanterie étrangère que Sa Majesté entretient à son service, elles jouiront des appointemens & solde ci-après énoncez, sçavoir, les compagnies des neuf régimens Suisses & Grisons, composées chacune de cent soixante-quinze hommes, les Officiers compris, qu'Elle a destinez pour servir dans ses armées, même les quatre compagnies aussi de cent soixante-quinze hommes chacune, mises d'augmentation en chacun desdits neuf régimens par l'ordonnance du 22 septembre 1743, seront payées sur le pied de dix-sept livres huit sols par mois pour chaque homme & pour chacune des vingt-sept payes de gratification que Sa Majesté accorde au Capitaine, sa

SUISSES & GRISONS.

compagnie étant du nombre de cent soixante-six & au dessus jusqu'à cent soixante-quinze, les Officiers compris; dix-sept desdites payes, lorsqu'elle sera de cent cinquante-cinq jusqu'à cent soixante-cinq, seize depuis cent quarante-cinq jusqu'à cent cinquante-quatre inclusivement; & s'il arrivoit que la compagnie se trouvât au dessous dudit nombre de cent quarante-cinq hommes, elle ne sera payée que pour les effectifs, sans payes de gratification au Capitaine.

Les compagnies des régimens Suisses qui seroient remis à la solde de garnison, ne seront plus payées que sur le pied de seize livres par homme par mois & pour chaque paye de gratification; desquelles payes les Capitaines jouiront sur le pied des gradations portées par l'article ci-dessus.

Au moyen de la solde ci-dessus, chaque Capitaine doit avoir & entretenir dans sa compagnie, un Capitaine-lieutenant à cent livres par mois, un Lieutenant à soixante-quinze livres, un Sous-lieutenant à cinquante livres, un Enseigne à quarante-sept livres, deux Sergens à vingt-cinq livres chacun, deux autres à vingt livres, un Fourrier aussi à vingt livres, un Porte-enseigne & un Capitaine d'armes à dix-huit livres chacun, un Prévôt à quinze livres, six Caporaux, six Anspessades & cent cinquante Fusiliers, compris les Tambours & Fifre: étant à observer que dans les compagnies dont les Capitaines ne servent point au corps, le Capitaine-lieutenant doit recevoir cent trente livres, & qu'il doit y avoir deux Lieutenans au lieu d'un, payez chacun à soixante-quinze livres par mois.

Etat-major. L'Etat-major de chacun des régimens Suisses & Grisons, destinez à servir dans les armées, sera payé à raison de dix-neuf

Du 1.er Novembre 1744

neuf cens ſoixante livres huit ſols par mois; & ceux des régimens qui ſeroient à la ſolde de garniſon, ſur le pied de mille livres ſeulement, le payement devant en être fait où la compagnie Colonelle du régiment ſe trouvera.

Sur la compoſition des demi-compagnies, le ſervice des Capitaines titulaires, & Capitaines-lieutenans commandans.

Comme il y a des compagnies qui ſont compoſées de deux demi-compagnies Suiſſes & Griſonnes, de quatre-vingt-ſept hommes chacune, pour faire le ſervice d'une compagnie entière, l'intention de Sa Majeſté eſt que le complet deſdites deux compagnies ſoit auſſi à cent ſoixante-ſix hommes & au deſſus juſqu'à cent ſoixante-quinze, pour les payes de gratification, ſans avoir égard ſi une des deux demi-compagnies eſt plus forte en nombre que l'autre; Sa Majeſté laiſſant aux Capitaines la liberté de s'accommoder entr'eux là-deſſus : & Elle trouve bon que leſdits Capitaines dont les compagnies ſeront ainſi couplées, y ſervent alternativement pendant un an, & que celui des deux qui pourra s'abſenter, ſoit payé comme préſent : Sa Majeſté veut bien auſſi que les Capitaines-lieutenans commandant les compagnies dont les Capitaines ſervent à d'autres emplois, s'abſentent alternativement; mais Elle ordonne que pendant l'année de leur abſence ils ne reçoivent que cinquante livres par mois, au lieu de cent trente qu'ils ont pendant l'année de leur ſervice.

Appointemens d'Officiers des troupes Suiſſes licenciées.

Sa Majeſté ayant par ſon ordonnance du premier mai 1737, entretenu avec des appointemens, dans les régimens Suiſſes, les Officiers des compagnies qui avoient été levées en vertu des ordonnances des 10 novembre 1733 & premier juin 1734, & qui ont été licenciées à la réforme du 8 janvier 1737; mais pluſieurs deſdits Officiers ayant depuis quitté le ſervice, ou été remplacez, il n'eſt néceſſaire de rappeller ici que ceux qui exiſtent actuellement dans les régimens, leſquels continueront d'être payez en conſéquence de l'état ci-après.

REGIMENS où ils doivent ſervir.	NOMS DES OFFICIERS.	Appointemens dont ils doivent jouir par an.
VIGIER.....	GEORGE-ANTOINE GILLY, en dernier lieu Capitaine-commandant, & auparavant Sous-lieutenant dans le régiment de Courten. . . .	600. liv.
MONIN.....	JEAN-LOUIS PERDRIAU, en dernier lieu Capitaine-commandant, & auparavant Sous-lieutenant dans le régiment de Dieſbach. . . .	600.

Leſdits Officiers ne pourront être payez qu'en paſſant préſens aux revûes des Commiſſaires des guerres des régimens où ils doivent ſervir, & les appointemens qui leur ſont ci-deſſus réglez, ſeront ſupprimez du jour de leur remplacement. Lorſqu'ils auront des affaires qui exigeront leur préſence chez eux, Sa Majeſté voudra bien leur faire expédier des congés pour quatre mois ſeulement de chaque année, pendant leſquels ils ſeront paſſez abſens comme préſens, & payez de leurs appointemens à leur retour: Déclarant Sa Majeſté qu'Elle ne leur accordera point de prolongation ni de relief, ſous quelque prétexte que ce ſoit, & que s'il arrivoit que quelqu'un d'entr'eux fût abſent pendant ſix mois au delà de ſon congé, Sa Majeſté donneroit ſes ordres pour le faire ôter de l'état du régiment.

Compagnie Suiſſe d'Heuberger.

La compagnie Suiſſe d'Heuberger, de quatre-vingts hommes, doit avoir la moitié des Officiers ci-deſſus marquez pour une compagnie de cent ſoixante-quinze hommes, & être payée ſur le pied de ſeize livres par homme par mois, & pour chacune des treize payes & demie de gratification que le Capitaine doit avoir, ſa compagnie étant de ſoixante-douze juſqu'à quatre-vingts hommes, les Officiers compris, huit deſdites payes à ſoixante-cinq & au deſſus juſqu'à ſoixante-onze incluſivement; ne devant être payé que pour les effectifs, ſans paye de gratification, ſi la compagnie ſe trouve au deſſous dudit nombre de ſoixante-cinq.

Compagnies de Reynold, & de Travers.

Les compagnies Suiſſes de Reynold, & de Griſon de Travers, de cinquante hommes chacune, les Officiers compris, doivent avoir le quart des Officiers d'une compagnie de cent ſoixante-quinze hommes, & être payées ſur le pied de ſeize livres par mois par homme & paye de gratification: le Capitaine recevra ſept deſdites payes de gratification, quand ſa compagnie ſe trouvera de quarante-deux juſqu'à cinquante hommes, & cinq payes lorſqu'elle ſera de trente-huit juſqu'à quarante-un; ſans que le Capitaine puiſſe prétendre aucune paye de gratification, la compagnie étant au deſſous dudit nombre de trente-huit, les Officiers compris.

Retenue pour l'abſence des Officiers Suiſſes & Griſons.

S'il arrive qu'un Officier des compagnies des régimens Suiſſes & Griſons, & des compagnies d'Heuberger, Reynold & Travers, s'abſente ſans congé, ou qu'il outrepaſſe celui qui lui aura été accordé, il ſera retenu ſur la ſolde de ladite compagnie, outre la paye perſonnelle de l'Officier, huit payes par mois pour l'abſence du Capitaine ou Capitaine-lieutenant, ſix payes pour celle du Lieutenant ou ſecond Lieutenant, quatre pour le Sous-lieutenant, & trois pour celle de l'Enſeigne, pendant le tems que l'abſence de l'Officier aura duré.

ALLEMANDS.

Six Régimens.

Compagnies.

Les vingt-quatre compagnies qui composent les quatre bataillons du régiment d'Alsace, & les dix-huit des trois bataillons de chacun des régimens d'Infanterie Allemande de Saxe, la Marck, Royal-Suédois, Royal-Bavière & Lowendal, de cent dix hommes chacune, seront payées sur le pied de quatorze livres dix sols par mois par homme, & pour chacune des quatorze payes de gratification que Sa Majesté accorde au Capitaine, sa compagnie étant de cent cinq à cent dix hommes, douze de cent à cent quatre, dix de quatre-vingt-quinze à quatre-vingt-dix-neuf, huit de quatre-vingt-dix à quatre-vingt-quatorze, six de quatre-vingt-cinq à quatre-vingt-neuf, & quatre seulement de quatre-vingt à quatre-vingt-quatre inclusivement ; le Capitaine ne devant être payé que pour les effectifs lorsque sa compagnie se trouvera au dessous dudit nombre de quatre-vingt. Il sera payé en outre quatre-vingt-dix livres par mois au Capitaine en pied, pour ses appointemens, pareilles quatre-vingt-dix livres au Capitaine réformé, soixante livres au premier Lieutenant, cinquante-une livres à chacun des second Lieutenant & des deux Lieutenans en second, & quarante-huit livres à l'Enseigne de chaque compagnie : Entendant Sa Majesté que dans ledit nombre de cent dix hommes, soient compris & payez par le Capitaine, un premier Sergent à treize sols par jour, deux autres à douze sols, un quatrième à onze sols, un Fourrier & un Capitaine d'armes à neuf sols chacun, deux Fourriers-schutz à huit sols chacun, quatre Caporaux & trois Tambours à sept sols chacun, huit Anspessades & huit Grenadiers à six sols chacun, & soixante-dix-neuf Fusiliers à cinq sols six deniers chacun.

Etat-major &

Il sera payé pour l'Etat-major de chacun desdits

régimens, mille livres par mois au Colonel, cent soixante livres au Lieutenant-colonel, outre ce qu'ils reçoivent comme Capitaine; trois cens livres au Major, cent livres à l'Interprète, quatre-vingt-dix livres à l'Aide-major qui ne pourra y avoir d'autre charge, quarante-cinq livres à l'Aumônier, cinquante livres à chacun des Chirurgien & Auditeur, quarante livres au Prévôt, vingt livres à chacun des Greffier & Tambour-major, dix-huit livres à chacun des deux Archers & à l'Exécuteur de justice; soixante livres à chaque Commandant des second, troisième & quatrième bataillons du régiment d'Alsace, & des second & troisième bataillons de cinq autres régimens, outre ce qu'il reçoit comme Capitaine, & quatre-vingt-dix livres à chaque Aide-major desdits second, troisième & quatrième bataillons.

Prévôté des six régimens Allemands.

Commandans & Aide-majors de bataillons.

Les Colonels & Lieutenans-colonels réformez, entretenus à la suite desdits régimens, seront payez sur le pied de cent trente-six livres dix-sept sols six deniers par mois, à l'exception de ceux auxquels il a été expédié des ordres par lesquels il leur est réglé un traitement particulier, dont ils continueront de jouir.

Officiers réformez, Colonels & Lieutenans-colonels.

A l'égard des Capitaines & Lieutenans réformez, entretenus à la suite desdits régimens, ceux qui composent les brigades qui en sont détachées, & ceux qui ont des ordres pour servir dans les places, ou qui en obtiendront par la suite, ils seront payez en conformité de l'Ordonnance du premier mai 1737, & de l'état y joint, sçavoir, les Capitaines de la première classe à quatre-vingt-dix livres par mois, ceux de la seconde à soixante livres, ceux de la troisième à cinquante livres, & ceux de la quatrième à trente-sept livres dix sols: &

Capitaines & Lieutenans.

les Lieutenans de la première classe à quarante-huit livres, ceux de la seconde à trente livres, & ceux de la troisième à vingt livres.

Commandans des brigades d'Alsace, la Marck & Royal-Suédois.

Les sieurs de Valbrun commandant la brigade d'Alsace, Camberfort commandant la brigade de la Marck, & Hieronimi commandant celle de Royal-Suédois, continueront d'être payez sur le pied de quatre-vingt-dix livres chacun par mois; & ceux qui les remplaceront dans le commandement desdites brigades, recevront le même traitement.

Commandant de la brigade françoise.

Le sieur Delort commandant la brigade à la paye françoise, recevra, suivant l'article VII de ladite ordonnance du premier mai 1737, vingt-cinq livres par mois en ladite qualité, outre les trente-sept livres dix sols à lui attribuez aussi par mois en celle de Capitaine.

RÉGIMENT D'INFANTERIE ÉTRANGÉRE DE BERGH.

Le régiment d'Infanterie étrangère levé par le Baron de Bergh dans le pays de Bergues & de Juliers, en vertu de l'Ordonnance du 12 août 1744, composé d'un bataillon de six compagnies de cent dix hommes chacune sans les Officiers, sera payé, sçavoir,

Compagnies.

Chaque compagnie sur le pied de quatorze livres dix sols par mois par homme, & pour chacune des quatorze payes de gratification que Sa Majesté accorde au Capitaine, sa compagnie étant de cent cinq à cent dix hommes, douze de cent à cent quatre, dix de quatre-vingt-quinze à quatre-vingt-dix-neuf, huit de quatre-vingt-dix à quatre-vingt-quatorze, six de quatre-vingt-cinq à quatre-vingt-neuf, & quatre seulement de quatre-vingt à quatre-vingt-quatre inclusivement; le Capitaine ne devant être payé que pour les effectifs, lorsque sa compagnie se trouvera au dessous dudit nombre de quatre-vingt. Il sera payé en

Du 1.re Novembre 1744.

outre quatre-vingt-dix livres par mois au Capitaine en pied pour ses appointemens, pareilles quatre-vingt-dix livres au Capitaine réformé, soixante livres au premier Lieutenant, cinquante-une livres au Lieutenant en second, & quarante-huit livres à l'Enseigne : Entendant Sa Majesté que dans ledit nombre de cent dix hommes, soient compris & payez par le Capitaine, un premier Sergent à treize sols par jour, deux autres à douze sols chacun, un quatrième à onze sols, un Fourrier & un Capitaine d'armes à neuf sols chacun, deux Fourriers-schutz à huit sols chacun, quatre Caporaux & trois Tambours à sept sols chacun, huit Anspessades & huit Grenadiers à six sols chacun, & soixante-dix-neuf Fusiliers à cinq sols six deniers chacun.

Etat-major & Prévôté.

L'Etat-major dudit régiment sera payé sur le pied, sçavoir, de cinq cens soixante livres par mois au Colonel, tant pour lui, outre son traitement de Capitaine, que pour l'entretien de l'Aumônier, du Chirurgien, de l'Auditeur, du Prévôt, du Greffier, du Tambour-major, des deux Archers & de l'Exécuteur de justice; de cent cinquante livres par mois au Lieutenant-colonel, outre son traitement de Capitaine, deux cens livres au Major, & quatre-vingt-dix livres à l'Aide-major, qui ne pourra avoir d'autre charge dans le régiment.

RÉGIMENT ROYAL-ITALIEN.

Compagnie de Grenadiers.

Le régiment Royal-Italien, composé de douze compagnies de cinquante hommes chacune, sera payé, sçavoir, la compagnie de Grenadiers, sur le pied de six livres par jour au Capitaine, trois livres quatre sols au Lieutenant, deux livres au Sous-lieutenant, quinze sols à chacun des trois Sergens, dix sols dix deniers à chacun des trois Caporaux, neuf sols cinq deniers à chacun des cinq Anspessades & un Tambour, & huit sols à chacun des trente-huit Grenadiers : le Capitaine aura en outre ſept payes de gratification de huit ſols chacune, dont il en recevra trois, ſa compagnie étant compoſée de quarante-deux à quarante-quatre hommes, cinq lorſqu'elle ſera de quarante-cinq à quarante-ſept, & ſept de quarante-huit à cinquante; ne devant avoir aucune deſdites payes de gratification lorſqu'elle ſe trouvera au deſſous du nombre de quarante-deux hommes.

Compagnies de Fuſiliers.

Chacune des onze compagnies de Fuſiliers dudit régiment, ſera payée ſur le pied de cinq livres par jour au Capitaine, deux livres au Lieutenant, trente ſols à l'Enſeigne, quatorze ſols à chacun des trois Sergens, neuf ſols dix deniers à chacun des trois Caporaux, huit ſols cinq deniers à chacun des cinq Anſpeſſades & un Tambour, ſept ſols ſix deniers à chacun des dix Appointez, & ſept ſols à chacun des vingt-huit Fuſiliers : le Capitaine aura en outre ſept payes de gratification de ſept ſols chacune, dont il en recevra trois, ſa compagnie étant compoſée de quarante-deux à quarante-quatre hommes, cinq lorſqu'elle ſera de quarante-cinq à quarante-ſept, & ſept de quarante-huit à cinquante; ne devant avoir aucune paye de gratification lorſqu'elle ſe trouvera au deſſous du nombre de quarante-deux hommes.

Etat-major & Prévôté du régiment Royal-Italien.

L'Etat-major dudit régiment ſera payé ſur le pied de ſeize livres treize ſols quatre deniers par jour au Colonel, quatre livres au Lieutenant-colonel, outre leurs appointemens de Capitaine, dix livres au Major, cinq livres à l'Interprète, trois livres à l'Aide-major, trente ſols au Maréchal-des-logis, quarante ſols à l'Aumônier, quinze ſols au Chirurgien, quarante ſols au Prévôt, vingt ſols à ſon Lieutenant, douze ſols ſix deniers au Greffier, huit

ſols

Du 1.er Novembre 1744.

ſols quatre deniers à chacun des cinq Archers & à l'Exécuteur de juſtice, & dix ſols au Tambour-major.

Officiers réformez du régiment Royal-Italien.

Il ſera payé cent livres par mois à chaque Colonel réformé entretenu à la ſuite dudit régiment, quatre-vingt-trois livres ſix ſols huit deniers à chaque Lieutenant-colonel, ſoixante livres à chaque Capitaine, & trente livres à chaque Lieutenant.

Officiers de la brigade détachée dudit régiment.

Chaque Capitaine réformé ſervant dans ladite brigade, recevra ſoixante livres d'appointemens par mois, & chaque Lieutenant trente livres.

RÉGIMENT ROYAL-CORSE.

Le régiment Royal-Corſe, dont la levée a été faite & le payement réglé en conſéquence des ordonnances particulières de Sa Majeſté des 10 & 31 août 1739, ſur le pied de douze compagnies de cinquante hommes chacune, continuera d'être payé, ſçavoir, celle de Grenadiers, à raiſon de ſix livres par jour au Capitaine, trois livres quatre ſols au Lieutenant, deux livres au Sous-lieutenant, quinze ſols à chacun des deux Sergens, dix ſols dix deniers à chacun des trois Caporaux, neuf ſols cinq deniers à chacun des cinq Anſpeſſades & un Tambour, & huit ſols à chacun des trente-neuf Grenadiers: le Capitaine aura en outre cinq payes de gratification de huit ſols chacune, dont il en recevra trois, ſa compagnie étant compoſée de quarante hommes, quatre lorſqu'elle ſera de quarante-un à quarante-cinq, & cinq de quarante-ſix à cinquante; ne devant avoir aucune deſdites payes de gratification lorſqu'elle ſe trouvera au deſſous du nombre de quarante hommes.

Compagnie de Grenadiers.

Compagnies de Fuſiliers.

Chacune des onze compagnies de Fuſiliers ſera payée ſur le pied de cinq livres par jour au Capitaine, deux livres au Lieutenant, trente ſols à l'Enſeigne, quatorze ſols à chacun des deux Sergens, neuf ſols dix deniers à chacun des trois Caporaux, huit ſols cinq deniers à chacun des cinq Anſpeſſades & un Tambour, ſept ſols ſix deniers à chacun des dix Appointés, & ſept ſols à chacun des vingt-neuf Fuſiliers: le Capitaine recevra en outre cinq payes de gratification de ſept ſols chacune, dont il en aura trois, ſa compagnie étant compoſée de quarante hommes, quatre lorſqu'elle ſera de quarante-un à quarante-cinq, & cinq de quarante-ſix à cinquante, ne devant avoir aucune deſdites payes de gratification lorſqu'elle ſe trouvera au deſſous du nombre de quarante hommes.

E'tat-major du régiment Royal-Corſe, ſans Prévôté.

L'E'tat-major dudit régiment ſera payé ſur le pied de ſeize livres treize ſols quatre deniers par jour au Colonel, trois livres au Lieutenant-colonel, outre leurs appointemens de Capitaine, huit livres au Major, trois livres à l'Aide-major, trente ſols au Maréchal-des-logis, quarante ſols à l'Aumônier, quinze ſols au Chirurgien, & dix ſols au Tambour-major.

Officiers réformez du régiment Royal-Corſe.

Les Officiers réformez que Sa Majeſté jugera à propos d'entretenir à la ſuite dudit régiment, ſeront payez de leurs appointemens ſur le pied par mois, ſçavoir, de cent livres à chaque Colonel, quatre-vingt-trois livres ſix ſols huit deniers à chaque Lieutenant-colonel, ſoixante livres à chaque Capitaine, & trente livres à chaque Lieutenant.

RÉGIMENT ROYAL-E'COSSOIS.

Le régiment d'Infanterie Royal-E'coſſois, levé par Milord Drummond de Perth, compoſé d'un bataillon de douze compagnies, dont une de Grenadiers & onze de Fuſiliers, de cinquante-cinq hommes chacune ſans les Officiers, ſera payé, ſçavoir,

Compagnie de Grenadiers.

La compagnie de Grenadiers ſur le pied par jour de ſix livres au Capitaine, trois livres ſix ſols huit deniers au Capitaine réformé, trois livres dix ſols au Lieutenant, trente sols au Lieutenant réformé, seize sols à chacun des deux Sergens, onze sols six deniers à chacun des trois Caporaux, dix sols six deniers à chacun des trois Anspessades, & neuf sols six deniers à chacun des quarante-six Grenadiers & un Tambour: le Capitaine, outre l'appointement ci-dessus, recevra cinq payes de gratification de neuf sols six deniers chacune, lorsque sa compagnie se trouvera de cinquante-cinq hommes, quatre desdites payes lorsqu'elle sera à cinquante-trois & cinquante-quatre hommes, trois à cinquante, cinquante-un & cinquante-deux, deux à quarante-huit & quarante-neuf, & une à quarante-cinq, quarante-six & quarante-sept hommes; le Capitaine n'en pouvant prétendre aucune sa compagnie étant au-dessous dudit nombre de quarante-cinq hommes.

Compagnies de Fusiliers.

Chacune des onze compagnies de Fusiliers sera payée sur le pied par jour de cinq livres au Capitaine, trois livres six sols huit deniers au Capitaine réformé, quarante-cinq sols au Lieutenant, trente sols au Lieutenant réformé, quinze sols à chacun des deux Sergens, dix sols six deniers à chacun des trois Caporaux, neuf sols six deniers à chacun des trois Anspessades, & huit sols six deniers à chacun des quarante-six Fusiliers & un Tambour: le Capitaine recevra en outre cinq payes de gratification de huit sols six deniers chacune, lorsque sa compagnie se trouvera de cinquante-cinq hommes, quatre desdites payes lorsqu'elle sera à cinquante-trois & cinquante-quatre hommes, trois à cinquante, cinquante-un & cinquante-deux, deux à quarante-huit & quarante-neuf, & une à quarante-cinq, quarante-six & quarante-sept hommes; le Capitaine n'en pouvant prétendre aucune sa compagnie étant au dessous dudit nombre de quarante-cinq hommes.

Etat-major. Les Officiers de l'Etat-major seront payez sur le pied par jour de treize livres six sols huit deniers au Colonel, quarante-cinq sols au Lieutenant-colonel, outre leurs appointemens de Capitaine, six livres treize sols quatre deniers au Major, cinq livres à l'Interprète, trois livres à l'Aide-major, quarante sols à l'Aumônier, & trente sols à chacun des Chirurgien & Maréchal-des-logis.

Le Colonel dudit régiment jouira de quatre mille sept cens livres de pension attachée à sa charge, au moyen de quoi il ne pourra rien retenir sur la masse des Sergens, Caporaux, Anspessades, Grenadiers, Soldats & Tambours, qui doivent recevoir leur paye entière, à la déduction seulement de ce qui sera mis à la masse pour leur habillement.

IRLANDOIS. *BULKELEY, CLARE & DILLON.* Les régimens Irlandois de Bulkeley, Clare & Dillon, composez chacun d'un bataillon, réduit à treize compagnies en conséquence de l'Ordonnance du premier octobre 1744, dont une de Grenadiers de quarante-cinq hommes, & douze de Fusiliers de cinquante hommes chacune sans les Officiers, seront payez, sçavoir:

Compagnie de Grenadiers. La compagnie de Grenadiers, sur le pied de six livres par jour au Capitaine, trois livres six sols huit deniers au Capitaine réformé, trois livres dix sols au Lieutenant, trente sols au Lieutenant réformé, seize sols à chacun des deux Sergens, onze sols six deniers à chacun des trois Caporaux, dix sols six deniers à chacun des trois Anspessades, & neuf sols six deniers à chacun des trente-six Grenadiers & un Tambour: le Capitaine recevra trois payes de gratification de neuf sols six deniers chacune par jour, sa compagnie étant à quarante-cinq & quarante-quatre hommes, deux desdites payes, la compagnie étant à quarante-un, quarante-deux & quarante-trois hommes, une seulement lorsqu'elle ne sera qu'à quarante, & rien au dessous dudit nombre de quarante hommes.

Compagnies de Fusiliers. Chacune des douze compagnies de Fusiliers, sur le pied par jour de cinq livres au Capitaine, trois livres six sols huit deniers au Capitaine réformé, quarante-cinq sols au Lieutenant, trente sols au Lieutenant réformé, quinze sols à chacun des deux Sergens, dix sols six deniers à chacun des trois Caporaux, neuf sols six deniers à chacun des trois Anspessades, & huit sols six deniers à chacun des quarante-un Fusiliers & un Tambour : le Capitaine recevra quatre payes de gratification de huit sols six deniers chacune, sa compagnie étant à quarante-huit, quarante-neuf & cinquante, trois desdites payes lorsqu'elle sera à quarante-six & quarante-sept; deux à quarante-quatre & quarante-cinq, une seulement à quarante-deux & quarante-trois; n'en pouvant prétendre aucune, sa compagnie étant au dessous dudit nombre de quarante-deux hommes.

Cadets. Les seize Cadets qui doivent être entretenus dans la compagnie Colonelle de chaque régiment, qui tiendront lieu de pareil nombre de Soldats, seront payez sur le pied de treize sols chacun par jour.

Enseignes. Outre les Officiers ci-dessus, l'Enseigne qui est en chacune des compagnies Colonelle & Lieutenante-colonelle desdits régimens, recevra trente-six sols par jour.

Etat-major. L'Etat-major de chacun desdits régimens sera payé sur le pied par jour de treize livres six sols huit deniers au Colonel, quarante-cinq sols au Lieutenant-colonel, outre leurs appointemens de Capitaine; six livres treize sols quatre deniers au Major, cinq livres à l'Interprète, trois livres à l'Aide-major, quarante sols à l'Aumônier, & trente ſols à chacun des Chirurgien & Maréchal-des-logis.

La penſion de quatre mille ſept cens livres attachée à la charge de Colonel de chacun deſdits trois régimens, au lieu de celle de deux mille livres qu'il avoit anciennement, lui ſera continuée; au moyen de quoi il ne doit plus retenir les quatre deniers par jour ſur la maſſe des Sergens, Caporaux, Anſpeſſades, Grenadiers, Soldats & Tambours, qui doivent recevoir leur paye entière, à la déduction ſeulement de ce qui ſera mis à la maſſe pour leur habillement.

Officiers réformez. Les Officiers réformez à la ſuite deſdits régimens de Bulkeley, Clare, Dillon & Royal-Ecoſſois, & ceux qui ſont détachez dans les places, ſeront payez ſur le pied par mois de cent cinquante livres à chaque Colonel ou Lieutenant-colonel, cent livres à chaque Capitaine, & quarante-cinq livres à chaque Lieutenant.

Roth, Berwick & Lally. Les régimens Irlandois de Roth & Berwick, compoſez chacun d'un bataillon réduit à treize compagnies en conſéquence de l'ordonnance du premier octobre 1744, dont une de Grenadiers de quarante-cinq hommes, & douze de Fuſiliers de cinquante hommes chacune ſans les Officiers, & le régiment Irlandois de Lally levé en conſéquence de ladite ordonnance, de la même compoſition que leſdits deux régimens, & entretenu avec pareil traitement, ſeront payez, ſçavoir:

Compagnie de Grenadiers. La compagnie de Grenadiers ſur le pied par jour de quatre livres quinze ſols au Capitaine, quarante-cinq ſols dix deniers au Capitaine réformé, cinquante-un ſols au Lieutenant, vingt-un ſols huit deniers au Lieutenant réformé, ſeize ſols à chacun des deux Sergens, onze ſols ſix deniers à chacun des trois Caporaux, dix ſols ſix deniers à chacun des trois Anſpeſſades, & neuf ſols ſix deniers à chacun des trente-ſix Grenadiers & un Tambour: le Capitaine recevra trois payes de gratification de neuf ſols ſix deniers chacune, ſa compagnie étant à quarante-cinq & quarante-quatre hommes, deux deſdites payes la compagnie étant à quarante-un, quarante-deux & quarante-trois, une ſeulement lorſqu'elle ne ſera qu'à quarante, & rien au deſſous dudit nombre de quarante hommes.

Compagnies de Fuſiliers.

Chacune des douze compagnies de Fuſiliers, ſur le pied par jour de trois livres quinze ſols au Capitaine, quarante-cinq ſols dix deniers au Capitaine réformé, trente-deux ſols ſix deniers au Lieutenant, vingt-un ſols huit deniers au Lieutenant réformé, quinze ſols à chacun des deux Sergens, dix ſols ſix deniers à chacun des trois Caporaux, neuf ſols ſix deniers à chacun des trois Anſpeſſades, & huit ſols ſix deniers à chacun des quarante-un Fuſiliers & un Tambour: le Capitaine recevra quatre payes de gratification de huit ſols ſix deniers chacune, ſa compagnie étant à quarante-huit, quarante-neuf & cinquante hommes, trois deſdites payes lorqu'elle ſera à quarante-ſix & quarante-ſept, deux à quarante-quatre & quarante-cinq, une ſeulement à quarante-deux & quarante-trois; n'en pouvant prétendre aucune, ſa compagnie étant au deſſous dudit nombre de quarante-deux hommes.

Cadets.

Les ſeize Cadets qui doivent être entretenus dans la compagnie Colonelle de chaque régiment, qui tiendront lieu de pareil nombre de Soldats, ſeront payez ſur le pied de treize ſols chacun par jour.

Enſeignes.

Outre les Officiers ci-deſſus, l'Enſeigne en chacune des compagnies Colonelle & Lieutenante-colonelle deſdits régimens, recevra vingt-cinq ſols ſix deniers par jour.

Les Sergens à remplacer après la réduction faite dans

les régimens Irlandois de Bulkeley, Clare, Dillon, Roth & Berwick, qui sont entrez comme Soldats dans les compagnies de Fusiliers où ils remplissent leur service sur le pied de Sergent en attendant les premières places vacantes, continueront d'y recevoir, outre la paye de Soldat, un supplément de six sols six deniers par jour, pour leur faire celle de Sergent, & ce sur les revûes des Commissaires des guerres, dans lesquelles ils doivent être nommez.

Etat-major & Prévôté.

L'Etat-major de chacun desdits trois régimens sera payé sur le pied par jour de sept livres dix sols au Colonel, trente-deux sols six deniers au Lieutenant-colonel, outre leurs appointemens de Capitaine; quatre livres onze sols huit deniers au Major, quarante-six sols huit deniers à l'Aide-major, vingt-cinq sols à chacun des Aumônier & Maréchal-des-logis, vingt sols au Chirurgien, vingt-six sols huit deniers au Prévôt, treize sols quatre deniers à son Lieutenant, huit sols quatre deniers au Greffier, & cinq sols à chacun des cinq Archers & à l'Exécuteur de justice.

Officiers réformez.

Les Officiers réformez à la suite desdits régimens, & ceux qui sont détachez dans les places, seront payez sur le pied par mois de cent douze livres dix sols à chaque Colonel ou Lieutenant-colonel, soixante-huit livres quinze sols à chaque Capitaine, & trente-deux livres dix sols à chaque Lieutenant.

V.

COMPOSITION DES BATAILLONS.

POUR entretenir les bataillons dans une égale force, Sa Majesté, en confirmant ce qui est porté par les anciennes ordonnances, veut que les compagnies d'un régiment composé de plusieurs bataillons, y servent suivant le rang de leur Capitaine; que celles de Grenadiers soient mises suivant leur ancienneté, à la tête de chaque bataillon; que la que la compagnie Colonelle & celle du Lieutenant-colonel demeurent au premier bataillon ; que celle du premier Capitaine ſoit dans le ſecond, que celle du ſecond Capitaine ſoit dans le troiſième, & que celle du troiſième Capitaine ſoit dans le quatrième bataillon des régimens où il y en a quatre, & que les autres compagnies ſoient ainſi diſtribuées ſuivant leur rang : & lorſqu'il en vaquera une dans un régiment, que l'Officier qui en ſera pourvû, prenne avec ſa compagnie, la queue du dernier bataillon, pour faire monter les autres compagnies, de ſorte qu'elles ſe trouvent ſuivant leur rang dans les bataillons où elles doivent ſervir. Et comme Sa Majeſté auroit été ci-devant avertie que les Colonels des régimens d'Infanterie prenoient deux Soldats dans les compagnies qui venoient à vaquer, pour ſervir dans les leurs, & qu'ils en faiſoient auſſi prendre un pour les Grenadiers, Sa Majeſté continue la défenſe qu'Elle leur a faite de prendre ni laiſſer prendre aucun Soldat dans les compagnies vacantes, ſon intention étant qu'elles ſoient remiſes à ceux qui en ſeront pourvûs, dans l'état où elles ſe ſeront trouvées lorſqu'elles auront vaqué.

Outils.

Veut auſſi Sa Majeſté qu'il y ait toûjours en chaque compagnie de ſon Infanterie françoiſe ou étrangère, dix outils propres à remuer la terre, que les Soldats de chaque chambrée porteront tour à tour avec leurs armes.

Ingénieurs.

Les Ingénieurs auxquels Sa Majeſté a accordé des réformes, ſeront payez dans les places de leur réſidence, en vertu des reliefs qui leur ſeront expédiez de ſix mois en ſix mois, ſur le pied par an de neuf cens livres à chaque Colonel, de ſept cens livres à chaque Lieutenant-colonel, de quatre cens cinquante livres à chaque Capitaine,

& de deux cens quarante livres à chaque Lieutenant.

Solde pendant la marche à l'Infanterie françoise & étrangère.

Sa Majesté trouve bon que le sol d'augmentation par jour, accordé à chaque Sergent, & les six deniers à chaque Caporal, Anspessade, Grenadier, Soldat & Tambour, pour s'entretenir de linge & de chaussure, leur soit continué pendant les marches, dans les lieux où l'étape sera fournie, même aux trois cens quarante Soldats surnuméraires que Sa Majesté a bien voulu entretenir dans son régiment d'Infanterie, sur le pied de cinq en chacune des soixante-huit compagnies dont il est composé; & il sera accordé un supplément de solde aux troupes d'Infanterie étrangère, comme par le passé.

VI.

GENDARMERIE.

GARDES-DU-CORPS DU ROY.

LES Officiers des Gardes-du-corps du Roy, servant à la Cornette, seront payez sur le pied par jour de six livres à chacun des trois Lieutenans, cinq livres à chacun des trois Enseignes, trois livres à chacun des onze Exempts, l'Aide-major compris; quarante sols à chacun des neuf Brigadiers, trente-cinq sols à chacun des neuf Sous-brigadiers, trente-trois sols à chacun des deux cens quatre-vingt-deux Gardes, des six Trompettes & un Timbalier, quarante sols à l'Aumônier, & vingt sols au Chirurgien: le tout en chacune des quatre compagnies desdits Gardes-du-corps.

GRENADIERS A CHEVAL.

La compagnie des Grenadiers à cheval de Sa Majesté, sera payée sur le pied par jour de dix livres au Capitaine-lieutenant, de six livres à chacun des trois Lieutenans, quatre livres à chacun des trois Sous-lieutenans, trois livres à chacun des trois Maréchaux-des-logis, quarante sols à

Du 1.er Novembre 1744.

chacun des six Sergens, trente-un sols à chacun des trois Brigadiers, vingt-six sols à chacun des six Sous-brigadiers, vingt-quatre sols à chacun des six Appointez & un Porte-étendard, vingt-un sols à chacun des cent vingt-quatre Grenadiers & quatre Tambours, & quarante sols à l'Aumônier établi dans ladite compagnie par ordonnance particulière du 9. février 1734.

GENDARMES & CHEVAUX-LÉGERS DE LA GARDE DU ROY.

Les grands Officiers des compagnies de Gendarmes & de Chevaux-légers de la garde du Roy, & les cinquante Gendarmes & cinquante Chevaux-légers, deux Trompettes & un Timbalier de chaque compagnie servant par quartier près Sa Majesté, continueront à être payez suivant les états & ordres qui seront expédiez à cet effet.

Il sera payé trente sols par jour à chacun des Brigadiers, Sous-brigadiers, cent cinquante Gendarmes, & cent cinquante Chevaux-légers, & deux Trompettes de chacune desdites deux compagnies servant à la Cornette; & vingt sols à chacun des sept petits Officiers, aussi de chaque compagnie, sçavoir, un Aumônier, deux Fourriers, deux Chirurgiens, un Sellier & un Maréchal-ferrant.

MOUSQUETAIRES DE LA GARDE DU ROY.

Chacune des deux compagnies de Mousquetaires de la garde du Roi, sera payée à raison de trente livres par jour au Capitaine-lieutenant, qui est vingt livres pour les appointemens de Capitaine, & dix livres pour ceux de Lieutenant; six livres treize sols quatre deniers à chacun des deux Sous-lieutenans, cinq livres à chacun des deux Enseignes & deux Cornettes, cinquante sols à chacun des dix Maréchaux-des-logis, quarante-deux sols à chacun des quatre Brigadiers, quarante sols à chacun des dix-huit Sous-brigadiers & cent soixante-seize Mousquetaires, cinquante sols à chacun des quatre Hautbois, & trente sols à chacun des six Tambours & des six petits Officiers, sçavoir, un Aumônier, un Chirurgien, un Apothicaire, un Fourrier, un Sellier & un Maréchal-ferrant.

GENDARMERIE.

Grands Officiers des compagnies de Gendarmes.

Les grands Officiers des dix compagnies de Gendarmes de la Gendarmerie, continueront d'être payez suivant les états que Sa Majesté fera expédier; & les Maréchaux-des-logis, Brigadiers, Sous-brigadiers, Porte-étendards, Gendarmes, Trompettes & Timbaliers, sur le même pied de ceux des compagnies de Chevaux-légers, ainsi qu'il est ci-après expliqué.

Compagnies de Chevaux-légers.

Chacune des six compagnies de Chevaux-légers de ladite Gendarmerie, composée d'un Capitaine-lieutenant, un Sous-lieutenant, deux Cornettes, quatre Maréchaux-des-logis, deux Brigadiers, deux Sous-brigadiers, un Porte-étendard, soixante-dix Chevaux-légers, & deux Trompettes, sera payée à raison de neuf livres par jour au Capitaine-lieutenant, qui est six livres en qualité de Capitaine, & trois livres en celle de Lieutenant; trois livres au Sous-lieutenant, quarante-cinq sols à chaque Cornette, quarante-six sols à chaque Maréchal-des-logis, vingt-six sols six deniers à chaque Brigadier & Sous-brigadier, dix-huit sols quatre deniers au Porte-étendard, quinze sols à chaque Chevau-léger, & vingt-deux sols à chaque Trompette.

Aumôniers & Timbaliers.

Il sera payé vingt-deux sols aussi par jour à chacun des huit Timbaliers entretenus dans les huit premières compagnies, & trente sols à chacun des deux Aumôniers de ladite Gendarmerie.

Etat-major de la Gendarmerie.

Les Officiers de l'Etat-major de ladite Gendarmerie, étant payez de leurs appointemens à l'Ordinaire des guerres, il n'en sera point fait ici mention.

Du 1er Novembre 1744.

VII.

CAVALERIE, CARABINIERS, HUSSARDS ET DRAGONS.

Cavalerie. *Compagnies.*

L'INTENTION de Sa Majesté est, qu'outre le fourrage qui sera fourni à chaque Cavalier, Carabinier, Hussard & Dragon, il soit payé à chacune des compagnies qui composent les régimens de Cavalerie françoise, sçavoir, au Capitaine cinq livres par jour, au Lieutenant cinquante sols, au Maréchal-des-logis vingt-six sols huit deniers, à chacun des deux Brigadiers huit sols, & à chacun des trente-trois Cavaliers, y compris le Trompette & le Timbalier, où il doit y en avoir, sept sols.

Sous-lieutenant & Cornettes dans la compagnie du Colonel général, & dans celles des Mestre-de-Camp général & Commissaire général de la Cavalerie.

Le Sous-lieutenant qui est dans la compagnie Colonelle du Colonel général de la Cavalerie, le Cornette-blanc qui est dans ladite compagnie, & le Cornette qui est en chacune des compagnies Mestre-de-camp des régimens du Mestre-de-camp général & du Commissaire général de la Cavalerie, recevront, sçavoir, le Sous-lieutenant, cinquante sols par jour; le Cornette-blanc, & chacun des deux autres, trente-sept sols six deniers aussi par jour.

Etat-major de Cavalerie françoise.

Il sera payé quarante-quatre sols cinq deniers par jour au Mestre-de-camp de chaque régiment de Cavalerie françoise, trente-trois sols quatre deniers au Lieutenant-colonel, outre leurs appointemens de Capitaine; six livres au Major, trois livres à chaque Aide-major, trente sols à l'Aumônier, & treize sols six deniers au Chirurgien.

Cornettes dans les régimens de Cavalerie françoise.

Les dix Cornettes entretenus dans les régimens de Cavalerie françoise, qui n'ont été augmentez que d'un escadron, & les douze Cornettes entretenus dans ceux qui ont été augmentez de deux escadrons, seront payez sur le pied de trente-sept sols six deniers chacun par jour.

ROYAL-ALLEMAND. Compagnies. Le régiment Royal-Allemand qui a été augmenté par ordonnance du 16 octobre 1744, de deux compagnies de cinquante Maîtres chacune, & dont les seize anciennes compagnies ont été aussi portées par la même ordonnance à cinquante Maîtres, par une augmentation de quinze Maîtres en chacune, sera payé, sçavoir, chaque compagnie sur le pied par jour de six livres au Capitaine, de trois livres au Lieutenant, trente sols au Maréchal-des-logis, neuf sols à chacun des trois Brigadiers, & sept sols à chacun des quarante-sept Cavaliers, y compris les Cadets, Trompettes & Timbalier dans la compagnie Mestre-de-camp.

Cadets. Il sera en outre payé un sol par jour à chaque Cadet qui passera en revûe dans le nombre desdits Cavaliers, sur le certificat du Commandant du régiment.

Etat-major. L'Etat-major dudit régiment sera payé sur le pied par jour de six livres treize sols quatre deniers au Mestre-de-camp, de cinq livres à chacun des deux Lieutenans-colonels, outre leurs appointemens de Capitaine; huit livres six sols huit deniers à chacun des deux Majors, cinquante-trois sols quatre deniers à chacun des deux Aide-majors, vingt-six sols huit deniers au Maréchal-des-logis, trente-trois sols quatre deniers au Prévôt, vingt-six sols huit deniers à son Lieutenant, vingt sols au Greffier, vingt-six sols huit deniers à chacun des Aumônier & Chirurgien, & quinze sols à chacun des quatre Archers & un Exécuteur de justice.

Cornettes. Les douze Cornettes entretenus dans ledit régiment seront payez sur le pied de quarante-cinq sols chacun par jour.

(Du 1er Novembre 1744.

Le régiment de Cavalerie allemande de Rosen, augmenté par ordonnance du 16 octobre 1744, de deux compagnies de cinquante Maîtres chacune, & dont les seize anciennes compagnies ont été aussi portées par la même ordonnance à cinquante Maîtres, par une augmentation de quinze Maîtres en chacune, sera payé, sçavoir, chaque compagnie sur le pied par jour de six livres au Capitaine, trois livres au Lieutenant, vingt-six sols huit deniers au Maréchal-des-logis, huit sols à chacun des trois Brigadiers, & sept sols à chacun des quarante-sept Cavaliers, compris le Trompette & le Timbalier qui est dans la compagnie Mestre-de-camp. *ROSEN. Compagnies.*

L'Etat-major dudit régiment sera payé sur le pied par jour de trois livres six sols huit deniers au Mestre-de-camp, quarante sols au Lieutenant-colonel, outre leurs appointemens de Capitaine; huit livres dix sols au Major, trois livres à l'Aide-major, treize sols quatre deniers à chacun des Aumônier, Chirurgien & Auditeur. & sept sols six deniers à chacun des Greffier, trois Archers & un Exécuteur de justice. *Etat-major.*

Les douze Cornettes entretenus dans ledit régiment, seront payez sur le pied de quarante-cinq sols chacun par jour. *Cornettes.*

Le régiment de Cavalerie allemande levé par le Prince de Nassau Saarbruck en vertu de l'ordonnance du 16 octobre 1744, composé de douze compagnies de cinquante Maîtres chacune, sera payé, sçavoir, chaque compagnie sur le pied par jour de six livres au Capitaine, de trois livres au Lieutenant, quarante-cinq sols au Cornette, vingt-six sols huit deniers au Maréchal-des-logis, huit sols à chacun des trois Brigadiers, & sept sols à chacun des *NASSAU. Compagnies.*

quarante-sept Cavaliers, compris le Trompette & le Timbalier qui est dans la compagnie mestre-de-camp.

Etat-major. L'Etat-major dudit régiment sera payé sur le pied par jour de trois livres six sols huit deniers au Mestre-de-camp, quarante sols au Lieutenant-colonel, outre leurs appointemens de Capitaine; six livres treize sols quatre deniers au Major, deux livres treize sols quatre deniers à l'Aide-major, & treize sols quatre deniers à chacun des Aumônier & Chirurgien.

CARABINIERS. *Compagnies.* Chacune des quarante compagnies de trente-cinq Maîtres, qui composent les cinq brigades du régiment Royal-des-Carabiniers, sera payée sur le pied par jour de six livres au Capitaine, de trois livres au Lieutenant, trente sols au Maréchal-des-logis, neuf sols à chacun des deux Brigadiers, & huit sols à chacun des trente-trois Carabiniers, compris le Trompette & le Timbalier qui est en chacune des cinq compagnies Mestres-de-camp.

Etat-major. L'Etat-major dudit régiment sera payé sur le pied par jour de cinquante-un sols dix deniers à Monf.r le Prince de Dombes, en qualité de Mestre-de-camp-lieutenant; pareils cinquante-un sols dix deniers à chacun des cinq Mestres-de-camp qui servent sous lui à la tête des cinq brigades; trente-huit sols dix deniers à chaque Lieutenant-colonel, outre leurs appointemens de Capitaine; sept livres à chaque Major, trois livres dix sols à chaque Aide-major, trente sols à l'Aumônier, & seize sols deux deniers au Chirurgien de chaque brigade.

Cornettes dans les cinq brigades de Carabiniers. Les vingt Cornettes qui servent dans ledit régiment sur le pied de quatre par brigade, seront payez à raison de quarante-cinq sols chacun par jour.

HUSSARDS. Les douze compagnies de chacun des régimens de Hussards

(Du 1er Novembre 1744.

Compagnies. Hussards de Berchiny, de David, d'Apremont-Linden, de Beausobre & de Pollereczky, & du régiment de Cavalerie étrangère de Rougrave, composées chacune de cinquante Maîtres, seront payées sur le pied par jour de six livres au Capitaine, de trois livres au Lieutenant, quarante-cinq sols au Cornette, vingt-six sols huit deniers au Maréchal-des-logis, neuf sols à chacun des trois Brigadiers, & sept sols à chacun des quarante-sept Hussards ou Cavaliers, compris le Trompette & le Timbalier qui est dans la compagnie Mestre-de-camp de chacun desdits régimens.

Etat-major des régimens de Berchiny, David, d'Apremont-Linden, Beausobre, Pollereczky & Rougrave.

L'Etat-major de chacun desdits régimens sera payé sur le pied par jour de trois livres six sols huit deniers au Mestre-de-camp, de quarante sols au Lieutenant-colonel, outre leurs appointemens de Capitaine; huit livres dix sols au Major, trois livres à l'Aide-major, trente sols à l'Aumônier, & treize sols quatre deniers au Chirurgien.

Compagnie franche de Hussards de Goengoësy.

La compagnie franche de Hussards Hongrois de Goengoësy composée de cinquante hommes, que le Roy a prise à son service par ordonnance du premier avril 1744, sera payée sur le pied par jour de six livres au Capitaine, trois livres au Lieutenant, vingt-huit sols six deniers au Maréchal-des-logis, neuf sols à chacun des trois Brigadiers, & sept sols à chacun des quarante-sept Hussards, y compris un Trompette.

Officiers réformez de Cavalerie françoise.

Les Capitaines & Lieutenans réformez des régimens de Cavalerie françoise, qui ont eu des ordres pour servir à la suite des régimens auxquels leur réforme est attachée, seront payez de leurs appointemens par mois, en passant présens aux revûes des Commissaires ordinaires des guerres, sçavoir, chaque Capitaine sur le pied de quatre-vingt-dix livres, & chaque Lieutenant sur celui de quarante-une livres quinze sols ; à l'exception de ceux dont les appointemens sont réglez sur un pied différent, par les ordres particuliers qui les attachent à la suite desdits régimens.

Officiers réformez de Carabiniers.

Les Capitaines & Lieutenans réformez, qui ont eu des ordres particuliers pour servir à la suite du régiment Royal-des-Carabiniers, seront payez de leurs appointemens en passant présens aux revûes des Commissaires ordinaires des guerres, sçavoir, chaque Capitaine, sur le pied de quatre-vingt-dix livres par mois, & chaque Lieutenant, sur celui de quarante-cinq livres aussi par mois.

Officiers réformez de Filtzjames.

Les Officiers réformez à la suite du régiment de Cavalerie irlandoise de Filtzjames, qui est sur le pied françois, seront payez de leurs appointemens en passant présens aux revûes des Commissaires ordinaires des guerres, à raison par mois de cent quatre-vingt-trois livres sept sols six deniers à chaque Mestre-de-camp, cent soixante-quinze livres à chaque Lieutenant-colonel, cent vingt livres à chaque Capitaine, & cinquante-huit livres sept sols six deniers à chaque Lieutenant ; à l'exception de ceux auxquels il a été réglé d'autres traitemens par des ordres particuliers, sur lesquels ils seront payez.

Officiers réformez de Cavalerie allemande & de Hussards.

Les Officiers réformez à la suite des régimens de Cavalerie Royal-allemand & Rosen, & de ceux de Hussards, seront payez de leurs appointemens en passant présens aux revûes des Commissaires ordinaires des guerres, sur le pied, sçavoir, chaque Mestre-de-camp & Lieutenant-colonel, de cent cinquante livres par mois ; chaque Capitaine, de quatre-vingt-dix livres, & chaque Lieutenant, de quarante-une livres quinze sols aussi par mois ; à l'exception de ceux auxquels il a été réglé d'autres traitemens par des ordres particuliers, sur lesquels ils seront payez.

Chaque compagnie des régimens de Dragons, composée de cinquante Dragons montez, sera payée sur le pied par jour de quatre livres dix sols au Capitaine, de quarante sols au Lieutenant, trente sols au Cornette, vingt sols au Maréchal-des-logis, sept sols six deniers à chacun des trois Brigadiers, & six sols six deniers à chacun des quarante-six Dragons & un Tambour.

DRAGONS. Compagnies.

Outre les Officiers ci-dessus il est entretenu dans la compagnie générale qui est dans le régiment du Colonel général des Dragons, un second Lieutenant, un Sous-lieutenant & un Cornette; & dans la compagnie Mestre-de-camp du régiment Mestre-de-camp général des Dragons, un second Lieutenant & un Cornette, qui seront payez sur le pied par jour de quarante sols à chacun des deux seconds Lieutenans, de trente-trois sols quatre deniers au Sous-lieutenant, & de trente sols à chacun des deux Cornettes: entendant Sa Majesté que les charges de second Lieutenant dans lesdites compagnies ne soient point remplacées lorsqu'elles viendront à vaquer.

Seconds Lieutenans, Sous-lieutenans & Cornettes, dans les compagnies générale & Mestre-de-camp général des Dragons.

L'Etat-major de chaque régiment de Dragons sera payé sur le pied par jour de dix livres au Mestre-de-camp, outre ses appointemens de Capitaine, de quatre livres dix sols au Major, de cinquante sols à l'Aide-major, & de trente sols à l'Aumônier.

Etat-major de Dragons.

Les Capitaines & Lieutenans réformez desdits régimens de Dragons, qui ont eu des ordres pour servir à la suite des régimens auxquels leur réforme est attachée, seront payez de leurs appointemens par mois, en passant présens aux revûes des Commissaires ordinaires des guerres, sçavoir, chaque Capitaine sur le pied de cinquante livres, & chaque Lieutenant sur celui de trente-trois livres six

Officiers réformez de Dragons.

fols huit deniers; à l'exception de ceux dont les appointemens font réglez fur un pied différent, par les ordres particuliers qui les attachent à la fuite desdits régimens.

Gardes-du-corps du Roy, réformez.

Les Gardes-du-corps du Roy, réformez, que Sa Majesté a trouvé bon d'entretenir dans le nombre des Cavaliers & Dragons de fes troupes, en attendant leur remplacement, y recevront dix fols chacun par jour, au lieu de fept fols ci-deffus réglez pour lefdits Cavaliers, & de fix fols fix deniers pour les Dragons.

COMPAGNIES FRANCHES de DRAGONS.

Chacune des compagnies franches de Dragons du Comte de Limoges, de Mandres, la Croix, Goderneaux, Jacob & Galhau, compofée de cent cinquante Dragons montez, fera payée fur le pied par jour de fix livres au Capitaine en pied, quarante-cinq fols au Capitaine réformé, quarante fols au premier Lieutenant, trente-trois fols quatre deniers au fecond Lieutenant, vingt-cinq fols à chacun des cinq Lieutenans réformez, vingt fols à chacun des trois Maréchaux-des-logis, fept fols fix deniers à chacun des fix Brigadiers, & fix fols fix deniers à chacun des cent quarante-quatre Dragons, y compris trois Tambours.

Compagnie franche de Dragons de Zoller.

La compagnie franche de Dragons de Zoller, levée en vertu de l'ordonnance du 10 juin 1744, compofée de cent Dragons montez, fera payée fur le pied par jour de cinq livres au Capitaine, quarante-cinq fols au Capitaine réformé, quarante fols au premier Lieutenant, trente-trois fols quatre deniers au fecond Lieutenant, vingt-cinq fols à chacun des deux Lieutenans réformez, vingt fols à chacun des deux Maréchaux-des-logis, fept fols fix deniers à chacun des quatre Brigadiers, & fix fols fix deniers à chacun des quatre-vingt-feize Dragons, compris deux Tambours.

Du 1.ere Novembre 1744.

69

La compagnie franche de Dragons de Sinceny, composée de quatre-vingt Dragons montez, sera payée sur le pied par jour de cinq livres au Capitaine, quarante-cinq sols au Capitaine réformé, quarante sols au premier Lieutenant, trente-trois sols quatre deniers au second Lieutenant, vingt-cinq sols à chacun des deux Lieutenans réformez, vingt sols à chacun des deux Maréchaux-des-logis, sept sols six deniers à chacun des quatre Brigadiers, & six sols six deniers à chacun des soixante-seize Dragons, compris deux Tambours.

Compagnie franche de Dragons de Sinceny.

A l'égard des Officiers réformez qui sont entretenus à la suite desdites compagnies, ou qui pourront l'être à l'avenir, ils seront payez sur le pied par mois de soixante-sept livres dix sols à chaque Capitaine, & de trente-sept livres dix sols à chaque Lieutenant, en passant présens aux revûes des Commissaires ordinaires des guerres.

Officiers réformez des compagnies franches de Dragons.

Il sera donné, outre la solde ci-dessus, qui sera payée sans aucun retranchement, dix deniers par jour pour chaque Brigadier, Cavalier, Carabinier, Hussard, Dragon, Trompette, Timbalier & Tambour, dont le fonds restera entre les mains du Trésorier, pour composer une Masse toûjours complétе destinée à l'habillement desdites troupes; de laquelle le Trésorier donnera sa reconnoissance à la fin de chaque mois, à l'Officier chargé du détail desdits régimens, brigades ou compagnies franches de Dragons, pour être payée sur la main-levée du Directeur ou Inspecteur général dans le département duquel ils se trouveront, visée des Colonels généraux de la Cavalerie & des Dragons.

Masse de la Cavalerie, des Dragons & des compagnies franches de Dragons.

Comme Sa Majesté juge nécessaire qu'il reste toûjours à la fin du quartier d'hiver, quelqu'argent aux Cavaliers,

PREST des Cavaliers,

Huſſards & Dragons.

Huſſards & Dragons, pour leur donner moyen de ſubſiſter pendant la campagne, & qu'il eſt auſſi à propos que les choſes demeurent réglées entre les Capitaines & leſdits Cavaliers, Huſſards & Dragons, de manière qu'il n'y ait aucune difficulté ſur le décompte à faire entr'eux; Sa Majeſté ordonne que chaque Cavalier & Huſſard touchera ſix ſols par jour pour ſa ſubſiſtance, & chaque Dragon cinq ſols ſix deniers; que le Cavalier, Huſſard & Dragon ſera obligé d'entretenir ſon cheval de ferrage; & que moyennant les ſept livres dix ſols à quoi reviendra le ſurplus de la ſolde pendant les cinq mois du quartier d'hiver, leſquels lui ſeront payez par ſon Capitaine à la fin de chacun des mois de novembre, décembre, janvier, février & mars, il s'entretiendra de linge, culotte, bas & ſouliers: Et à l'égard du Capitaine, Sa Majeſté trouve bon qu'il touche ce qu'Elle a ordonné pour les places d'uſtenſile des Cavaliers, Huſſards ou Dragons de ſa compagnie, à la réſerve de deux ſols par jour par Cavalier, Carabinier, Huſſard ou Dragon, qui reſteront entre les mains du Tréſorier général de l'extraordinaire des guerres, & qui ſeront par lui remis au Major du régiment, ou à l'Aide-major en ſon abſence, dans les tems marquez ci-après; pour être leſdits deux ſols, qui feront pour les cent cinquante jours du quartier d'hiver, la ſomme de cinq écus de ſoixante ſols chacun, diſtribuez manuellement par ledit Major ou l'Aide-major, aux Cavaliers, Carabiniers, Huſſards & Dragons; ſçavoir, un écu de ſoixante ſols aux dixième de chacun des mois de mai, juin, juillet, août & ſeptembre; ſans que ledit Major ou Aide-major en ſon abſence, s'en puiſſe diſpenſer pour quelque raiſon que ce ſoit, à peine de privation de ſa charge: ce que Sa Majeſté veut que lefdits Cavaliers, Carabiniers, Huffards & Dragons, touchent outre la folde qui leur fera ordonnée pendant la campagne; de forte que moyennant les fix fols de folde par jour que le Cavalier & Huffard touchera, & les cinq fols fix deniers qu'aura le Dragon pendant le quartier d'hiver, les fept livres dix fols qui feront payées à l'un & l'autre également, dans les cinq mois dudit quartier d'hiver, & les cinq écus qui leur feront diftribuez par le Major au commencement & pendant la campagne, outre leur folde, ils foient obligez de s'entretenir, comme il eft ci-deffus marqué, de linge, culotte, bas & fouliers, d'entretenir leurs chevaux de ferrage, & d'entretenir auffi leurs armes, c'eft-à-dire, de les tenir nettes, & de faire les menues réparations qui y feront néceffaires pour qu'elles foient toûjours en bon état: Sa Majefté entendant que quand les armes des Cavaliers, Huffards & Dragons deviendront dans un état à ne pouvoir plus fervir, qu'il en faudra de neuves, ou qu'il fera néceffaire d'y faire des réparations confidérables, le Capitaine en faffe la dépenfe, à moins qu'il ne fût jugé par le Confeil de guerre du régiment, que le dommage arrivé à l'arme du Cavalier, Huffard & Dragon, fût par la faute du Cavalier, Huffard & Dragon.

Entend auffi Sa Majefté qu'au moyen de l'uftenfile, fur lequel il fera, comme il eft dit ci-deffus, retenu deux fols par jour par Cavalier, Carabinier, Huffard ou Dragon, le Capitaine fera obligé d'entretenir chaque Cavalier, Carabinier, Huffard ou Dragon de fa compagnie, de cheval, houffe, felle, harnois, bride, habillement, manteau, chapeau, bottes, armes, & généralement de toutes les chofes qui lui feront néceffaires, à la réferve du linge & des culottes, bas & fouliers.

Retenue sur l'Ustensile pour le non-complet des compagnies.
Infanterie.

Au moyen des payemens qui feront ainfi faits aux troupes d'Infanterie, de Cavalerie, de Carabiniers, de Huffards & de Dragons, les Officiers feront obligez de les mettre en état de fervir dans le commencement du mois d'avril prochain : & s'il arrive qu'une compagnie d'Infanterie qui doit être de quarante hommes fans les Officiers, fe trouve à la revûe qui en fera faite par les Commiffaires ordinaires des guerres dans les premiers jours dudit mois d'avril, avec les Directeurs ou Infpecteurs généraux de fes troupes où il s'en trouvera, au deffous du nombre de trente-quatre hommes, il fera retenu cent cinquante livres fur l'uftenfile du Capitaine, dont il ne pourra avoir la main-levée qu'après la revûe qui fera faite des troupes au commencement de la campagne, & que fa compagnie y aura paffé à trente-huit, trente-neuf ou quarante hommes.

Cavalerie, Carabiniers, Hussards & Dragons.

Veut auffi Sa Majefté qu'au moyen defdits payemens, les Officiers de fes troupes de Cavalerie, de Carabiniers, de Huffards & de Dragons, foient obligez de même, de les mettre en état de fervir dans le commencement du mois d'avril prochain ; & que s'il arrive qu'une compagnie ne fe trouve pas compléte, montée, armée & équipée comme il convient, à la revûe qui en fera faite dans les premiers jours dudit mois d'avril, par les Commiffaires ordinaires des guerres, avec les Directeurs ou Infpecteurs généraux où il s'en trouvera, il foit retenu un mois d'uftenfile, tant des places attribuées à la perfonne du Capitaine, que de celles des Cavaliers, Carabiniers, Huffards & Dragons, en ce non compris l'écu de campagne, qui doit être toûjours diftribué aux Cavaliers, Carabiniers, Huffards & Dragons, fans pouvoir être retenu fous quelque prétexte que ce foit ; de laquelle retenue il ne pourra avoir

Du 1er Novembre 1746.

avoir la main-levée qu'après la revûe qui se fait ordinairement des troupes au commencement de la campagne, & que sa compagnie y aura passé compléte d'hommes & de chevaux, & en état de bien servir.

Ordonne Sa Majesté aux Commissaires des guerres qui seront chargez de la police de ses troupes, qu'après qu'ils auront fait leurs revûes dans les premiers jours d'avril, avec les Directeurs ou Inspecteurs généraux où il s'en trouvera, ils ayent à informer aussi-tôt les Intendans dans les départemens desquels ils seront, des compagnies qui, à cette revûe, ne se trouveront pas complétes & en bon état, afin qu'ils fassent faire les retenues sur l'ustensile, ainsi qu'il est expliqué dans les deux articles précédens, aux Capitaines d'Infanterie, de Cavalerie, de Carabiniers, de Hussards & de Dragons: Entend aussi Sa Majesté, que lesdits Commissaires des guerres, Directeurs & Inspecteurs généraux où il s'en trouvera, déclarent en même tems de sa part aux Capitaines, que ceux qui, à la revûe qui se fera des troupes au commencement de la campagne, n'auront pas leur compagnie compléte & de tout point en état de servir, telle raison qu'ils puissent avoir, seront cassez, & mis en prison jusqu'à ce qu'ils ayent restitué tout ce qu'ils auront reçu d'ustensile pendant l'hiver, sans avoir égard aux dépenses qu'ils auront faites à leur compagnie: déclarant Sa Majesté aux Colonels, Mestres-de-camp & Lieutenans-colonels des régimens dans lesquels il se trouvera de mauvaises compagnies, qu'Elle les en rendra responsables en leur nom, comme ayant négligé de prendre le soin qu'ils doivent avoir que les Capitaines travaillent utilement à leur rétablissement.

K

VIII.

Officiers réformez dans les Provinces.

Colonels & Lieutenans-colonels d'Infanterie françoise.

Les Colonels & Lieutenans-colonels réformez d'Infanterie françoise, qui par l'ancienneté de leurs services doivent avoir des appointemens, continueront d'en être payez dans les provinces, sur les états & ordres qui seront expédiez à cet effet, sur le pied de neuf cens livres par an à chaque Colonel, & de sept cens livres à chaque Lieutenant-colonel.

Mestres-de-camp & Lieutenans-colonels de Cavalerie françoise.

Les Mestres-de-camp & Lieutenans-colonels réformez de Cavalerie, retirez dans les provinces, auxquels Sa Majesté a accordé des appointemens, continueront d'en être payez sur les états & ordres qui seront expédiez à cet effet.

Mestres-de-camp & Lieutenans-colonels de Dragons.

Les Mestres-de-camp & Lieutenans-colonels réformez de Dragons, qui doivent avoir aussi des appointemens par l'ancienneté de leurs services, seront payez dans leur province, suivant les états & ordres qui seront envoyez, sur le pied de deux mille livres par an à chaque Mestre-de-camp qui a eu un régiment, mille livres à chacun des autres, & six cens livres à chaque Lieutenant-colonel.

Officiers réformez, Partisans, d'Infanterie, Cavalerie & Dragons, entretenus dans les Places.

Les Officiers réformez, tant d'Infanterie que de Cavalerie & de Dragons, entretenus dans les places en qualité de Partisans, seront payez en passant présens aux revûes, des appointemens qui leur ont été réglez, suivant les états & ordres signez du Sécrétaire d'état ayant le département de la guerre.

Capitaines & Lieutenans réformez d'Infanterie, Cavalerie & Dragons, renvoyez dans leur Province.

Les Capitaines & Lieutenans réformez d'Infanterie, de Cavalerie & de Dragons, ci-devant attachez à la suite des régimens, ou entretenus à la résidence des places, qui ont été renvoyez dans leur province, continueront d'y être payez de leurs appointemens, sur les états qui seront

Du 1er Novembre 1744.

envoyez tous les six mois aux Intendans desdites provinces, ainsi qu'il s'est pratiqué par le passé.

I X.

DÉFEND Sa Majesté aux Officiers, Gardes-du-corps, Gendarmes, Chevaux-légers, Mousquetaires, Cavaliers, Carabiniers, Hussards, Dragons & Soldats, de prendre aucun sel dans les pays étrangers, ou dans ceux de l'obéissance de Sa Majesté où la gabelle n'est point établie, ni de se charger d'aucun tabac ou autres marchandises prohibées, pour transporter, vendre ou débiter, en telle manière que ce puisse être, & à quelque personne que ce soit, dans les provinces du royaume; à peine aux Chefs & Commandans, de répondre sur les payes à eux ordonnées, & sur leurs biens, des dommages qui seroient faits aux fermes générales par ceux étant sous leur charge; & aux Gardes, Gendarmes, Cavaliers, Carabiniers, Hussards, Dragons & Soldats, d'être punis suivant la rigueur des ordonnances contre les faux-sauniers. Défend aussi Sa Majesté à tous ses Sujets, de quelque qualité & condition qu'ils soient, de commettre le faux-saunage, ni d'assister & favoriser en quelque sorte que ce soit, les gens de guerre qui le commettront, aussi sur les peines des ordonnances.

Défend encore Sa Majesté auxdits gens de guerre, d'aller, ni d'envoyer couper, abattre, ni prendre aucun bois dans les forêts & buissons, à qui que ce soit qu'ils appartiennent; d'y chasser à la campagne, en quelque lieu que ce puisse être; de tirer avec fusils ni autres armes à feu, sur les pigeons & sur le gibier, ni pêcher dans les étangs, à peine de punition corporelle: Voulant que les coupables des crimes ci-dessus soient punis par les Prévôts des Maréchaux, & à leur défaut par les juges ordinaires des lieux, selon la rigueur des ordonnances; sans que les gens de guerre puissent auxdits crimes alléguer aucune exception ni privilége, ni les juges y avoir égard.

MANDE & ordonne Sa Majesté aux Gouverneurs & Lieutenans généraux dans ses provinces & armées, aux Gouverneurs de ses villes & places, à ceux qui y commandent, aux Commandans & Intendans de ses armées, aux Intendans dans les provinces & sur les frontières, aux Directeurs & Inspecteurs généraux de ses troupes, aux Commissaires des guerres ordonnez à leur police, & à tous autres ses Officiers qu'il appartiendra, de tenir la main à l'exécution de la présente. FAIT au camp devant Fribourg, le premier novembre mil sept cens quarante-quatre. *Signé* LOUIS. *Et plus bas,* M. P. DE VOYER D'ARGENSON.

A PARIS,
DE L'IMPRIMERIE ROYALE.

M. DCCXLIV.

www.ingramcontent.com/pod-product-compliance
Ingram Content Group UK Ltd.
Pitfield, Milton Keynes, MK11 3LW, UK
UKHW031938260826
14628UKWH00004B/1702

9 782329 608648